香港城區
hong kong

發展百年

鄭寶鴻 編著

商務印書館

香港城區發展百年

編　　著： 鄭寶鴻
責任編輯： 張宇程
出　　版： 商務印書館（香港）有限公司
　　　　　香港筲箕灣耀興道 3 號東滙廣場 8 樓
　　　　　http://www.commercialpress.com.hk
發　　行： 香港聯合書刊物流有限公司
　　　　　香港新界荃灣德士古道 220-248 號荃灣工業中心 16 樓
印　　刷： 中華商務彩色印刷有限公司
　　　　　香港新界大埔汀麗路 36 號中華商務印刷大廈 14 字樓
版　　次： 2023 年 2 月第 1 版第 2 次印刷
　　　　　© 2018 商務印書館（香港）有限公司
　　　　　ISBN 978 962 07 5729 7
　　　　　Printed in Hong Kong

目錄

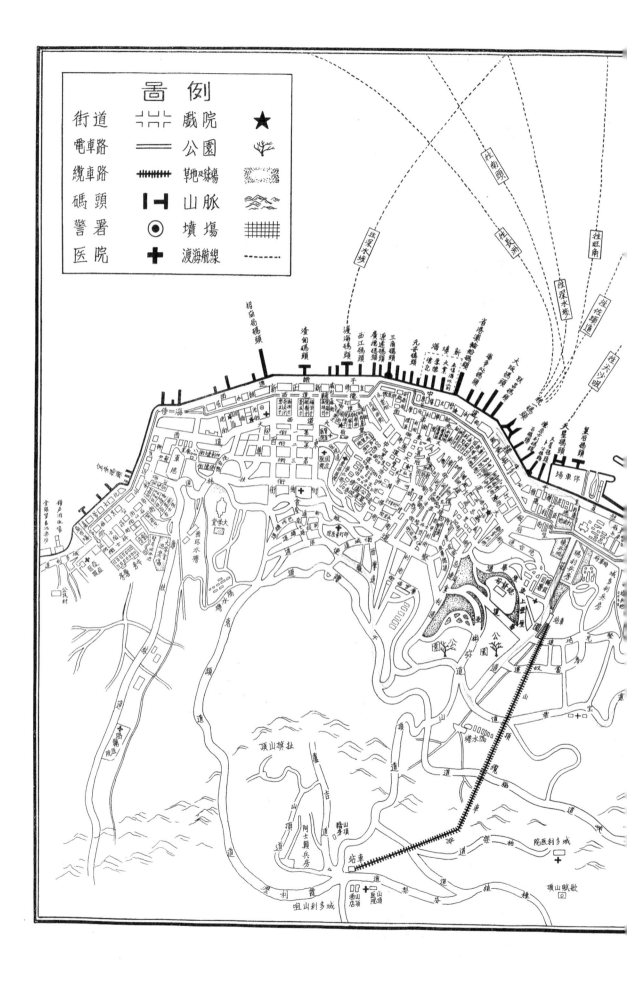

香港街道詳畫

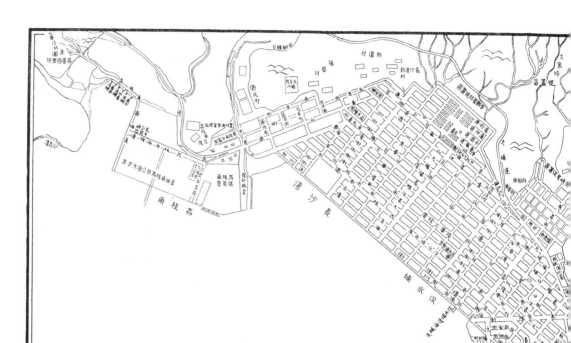

九龍街道圖

圖例

道路
鐵路
街道
碼頭
警署
醫院
戲院
公園　球場
草地　或
山　　脈

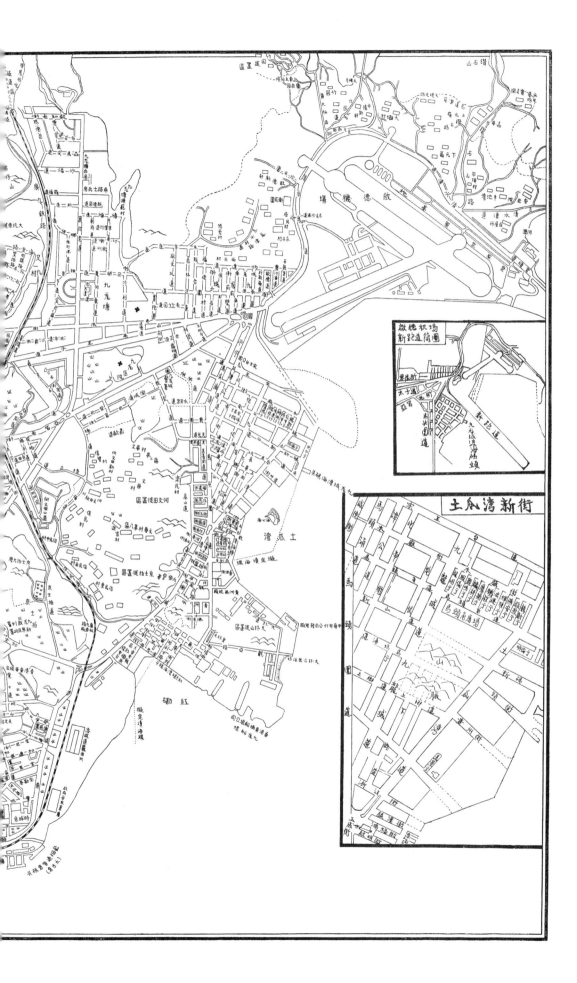

前 言

1870 年代，大部分居民集中於中、上環，以至稍後的堅尼地城一帶，人口密集，尤以被稱為「太平山區」的上環一帶為最。當局曾藉改善道路，以及水陸交通，鼓勵居民移往東區以至九龍等，惟效果不彰。

1899 年，英當局強租原稱「中國九龍」的「新界」後，才有較多人移往由部分新界地區，包括長沙灣、深水埗及九龍城等改劃的「新九龍」。政府亦同時將新界地區劃分為八個全約，以及多個分約。而所有大小離島則由「東島洞」與「西島洞」所管轄。

1904 年，政府重新規劃港島「維多利亞城」內的「四環九約」的範圍和區界。而在當年政府公告中，已有提及「五環」和「十約」的名稱，相信是指天后至筲箕灣的區域。

當局作大規模城市規劃時，往往實施填海以作配合。由開埠初期、1890 年代的中西區，以及 1921 年起的東區之多次大型填海，將海岸線由皇后大道、德輔道、莊士敦道等，逐漸伸延至干諾道和告士打道。

同時，當局亦在九龍的尖沙咀、油麻地和新九龍的深水埗及長沙灣一帶填海，開闢新區域，構築新道路和九廣鐵路以吸引市民遷往居住。

和平後的多次大規模填海，更構築成觀塘工業區、葵涌貨櫃碼頭及灣仔紅隧和會展覽中心的地段。

1850 年代，華人的金融和南北行貿易區，在上環填海地段上茁壯發展。以置地公司為首的多家中外企業，亦於 1890 年代的填海區域上，肇造其地產王國。1920 年代的

東區填海地段上，千多幢三合土唐樓建成，以吸引中西區的居民。

自十九世紀中期起，華商陸續收購洋商的物業，以建中式樓宇。政府亦於二十世紀初起，紛紛興建新型街市、醫院、警署、法院、郵政總局及消防局等建築物。而私人的地標式建築，則以置地公司之新廈，被稱為「大鐘樓」的告羅士打行，及第三代滙豐銀行為楷模，兩者皆落成於 1930 年代。

由皇后大道及荷李活道開始，大量大小街道在港九各區闢築。1880 年代，較為顯著的是在中環街市兩側，拆卸多幢樓宇而開闢的域多利皇后街和租庇利街。較少人知的是由薄扶林道至屈地街的炮台道，以及與其連接的，位於屈地街至卑路乍街間的中街，同於 1890 年代被併入皇后大道西。

九龍有多條與港島名稱雷同的街道，於 1909 年更易新名，如羅便臣道被易名為彌敦道等。當時，來往新界的主要幹道如大埔道（公路）、青山道（公路）等，亦陸續闢建。工程最浩大者是於 1910 年通車的九廣鐵路。

為配合不斷增加的人口，包括屯門公路等多條大型幹道，於 1970 年代起，不斷興築。

為了興築道路或開掘隧道，往往需將部分墳墓遷移。開埠初期，若干座墳場設於上環、灣仔及跑馬地的市中心地段，後來，逐漸移往或集中於薄扶林、柴灣、何文田、馬頭圍及九龍城等區。

1950 年，港府實施「以生者的需要為重、死者的葬地為輕」之政策，逐漸關閉市區的墳場，而以新闢成的和合石及沙嶺墳場以取代，將原來的墳場地段用作興建球場、廉租屋或其他設施。最顯著的改變是何文田，由廣大的墓葬地轉變為高尚住宅區。

港島最早的寮屋區，是位於現時「元創坊」(PMQ) 所在的士丹頓街與城隍街一帶，其他寮屋區則位於黃泥涌村、大坑村、何文田及土瓜灣等地段。

二戰和平後，人口暴增，樓房嚴重不足，大量市民居住於遍佈港九的山邊寮屋，大部分無水電設施，居住環境十分惡劣。

1953 年，一場發生於聖誕夜的大火，導致約六萬石硤尾寮屋區居民流離失所，露宿街頭，迫使當局積極實施開闢徙置區，興建平民及廉租屋宇，以安置貧民及勞苦大眾的政策。當中包括規模宏大的慈雲山徙置區。

興建平民廉租屋宇的，有成立於 1948 年的香港房屋協會，此外還有於稍後成立的香港平民屋宇有限公司、香港模範屋宇會、香港經濟房屋協會等。可是，最大規模的則為港府的「香港屋宇建設委員會」，自 1957 年起，陸續建成北角邨、彩虹邨、馬頭圍邨及華富邨等多座大型廉租屋邨。

除安置本地居民外，當局亦要應付自 1930 年代後期起，大量湧入本港的中外籍難民，政府在港九新界興建多座難民營以作安置。1940 年代後期，難民數量更多，部分原內地軍人被東華醫院收容，稍後被遷往調景嶺。

新來港者除難民外，還有挾巨資的富商，大舉投資於本港的工商業，為促進香港繁榮的一股新動力。

十九世紀，已有造船及修船等工業，設於港島東區、西區及香港仔，以及九龍紅磡等一帶。此外，大量包括衣、食、住、行等的多項工場和廠房，遍佈於港九包括西營盤、土瓜灣及油麻地等區。

1930 年代的新工業區為荃灣。到了 1950 年代，則以填海造地方式闢展觀塘及葵涌工業區，後者亦為貨櫃碼頭所在。

1870 年代，市民的休憩、消閒及遊覽點包括：原為「佔領角」的大笪地（現荷李活道公園）、兵頭花園（動植物公園），及油麻地的榕樹頭廣場等。

二十世紀內，有多座私人遊樂場開業，當中包括戰前的愉園、太白樓、名園及利園等。戰後較著名的則有荔園、月園和啟德等多座，吸引到大量遊人。但令人印象最深刻的，是 1936 年開業，滿佈像生雕塑，免費入場的虎豹別墅，該景點於 2001 年結束經營。

登山纜車、電車及九廣火車皆依仗路軌行走，服務地點有一定的規限。直到「自由車」（指不需路軌之汽車）於 1908 年在香港出現，才有可往來每個角落的公共巴士。

此外，亦有各類大小渡輪，穿梭於維港兩岸、新界、離島，以至澳門及內地，多座大小碼頭亦在各海旁設置。

不過，無論海上以至陸上的交通工具及道路，其發展步伐一直都追不上人口增長速度，要到 1970 至 1980 年代，海底隧道、地下鐵路以及多條交通管道落成後，才稍為舒緩。

另一方面，開始於 1930 年代的航空事業，一直有長足的發展。1930 年代後期，香港已成為遠東的主要航空站。位處鬧市的啟德機場，雖然一直不斷擴展，但仍未能滿足需求。二戰和平後，當局曾計劃在包括后海灣、昂船洲以至淺水灣等多處興建新機場，但始終未能落實。

1958 年，伸出九龍灣的新跑道落成，暫可解決燃眉之急。直到 1998 年，大嶼山赤鱲角新機場落成啟用後，問題才告徹底解決。為興建新機場，促成了大量配套之新大橋、隧道、公路和幹道的築建，對於香港的海、陸、空運輸構成一個新型和現代化的景象。

第一章 城市規劃

為了把集中聚居於中、上環區，以至西環的眾多人口，疏散往港島東部居住，有外商於 1881 年建議開辦由堅尼地城至筲箕灣的電車服務，並設立一條往山頂的支線。定例局 (立法會) 亦於 1882 年 1 月通過《電車法例》。

可是，最終外商只願意興建方便外籍人士在太平山頂居住的登山電車 (纜車)，於 1888 年 5 月 30 日啟用。1904 年，當局並制訂只有外籍人士才能居於山頂的苛例，山頂旋即成為外籍人士的高尚住宅區。

1889 年開展的中西區填海完成後，當局飭令「水坑口娼院區」的妓院及酒樓遷往石塘咀，冀使中、上環的人口跟隨移居該處。

九龍區的紅磡，曾於 1884 年發生大火，俟後，當局將整個紅磡區的街道及建設重新規劃，不少設計是與黃埔船塢相關者。

同時，當局亦改善油麻地區的設施和水陸交通，以吸引港島市民遷往定居。1904 年，廢除了只有外籍人士才能居於尖沙咀的限制，因九廣鐵路總站將設於該區。之前，尖沙咀被規劃為軍營區及外國式的花園城市區。

1904 年 8 月 1 日，雖然電車正式通車，但仍未能吸引中、上環的市民移居東區。

▲ 政府主要部門的政府山範圍，約 1875 年。
右中部有多座煙囪及三角型屋頂的，是興
建於 1847 年的輔政司署。其左鄰是前為俄
羅斯領事館，後來為「曷公司」（又名「瓊
記洋行」）大班的私邸，所在於回歸後曾為
終審法院。左中部為落成於 1869 年的大會
堂，其左鄰為第一代滙豐銀行。

▲ 1870 年代的海旁中。正中畢打街的左方是香
  港大酒店，其東鄰是 Melchers & Co.，畢打街
  的右方是第一代怡和洋行，所在現為會德豐
  大廈，其右鄰位於 20 號的 Stolterfoht & Hirst
  Co.，曾為惠羅公司，現時為德成大廈。

約 1875 年的中環商業區，左中部可見落成於 1862 年的畢打街鐘塔，鐘塔的左鄰是第二代郵政總局，以及三角屋簷頂的第二代高等法院，兩者於 1924 年改建為華人行。鐘塔的東右鄰是原為顛地洋行的香港大酒店，所在現為中建大廈及告羅士打大廈。一艘洋船碇泊於海旁中（德輔道中）的畢打碼頭。

▲　一場風災後的畢打街，1880 年代初。右方為
　　怡和洋行，鐘塔樹叢的右端為郵政總局，雖
　　名為總局，其實全港九只有這一間。

▼　德輔道中與畢打街交界，約 1915 年。左方為
　　香港大酒店，正中為改建於 1909 年的第二
　　代怡和洋行。第三輛電車的背後仍可見原為
　　連卡佛公司的兩層高建築物。

▲ 由擺花街向下望威靈頓街，約 1880 年。右
方的華人樓宇有印務館、糧食店、食肆及
「三行」的泥水裝修舖等。左方部分連接擺
花街的樓宇，部分為外籍娼妓的妓院，最
左一間為日本妓院的東洋館。

1880 年代初，因薄扶林水塘的規模不能滿足市民的食水需求，政府着手在包括大潭的港島地區興建新水塘，需遷徙若干地段和鄉村的居民。在接管新界後，當局選擇新界地區作為新水塘的興築點。

1899 年 5 月，英國強行租借並接管原為「中國九龍」的新界後，將新界劃分為八個名為「全約」的區域，每一個全約內，再劃分若干個分約，以下為八個全約及分約的名稱：

全約	分約
九龍	九約、六約、荃灣
沙頭角	禾坑、鹿頸、南約、谷埔、慶春、蓮麻坑、下堡
元朗	八鄉、錦田、十八鄉、屏山、廈村、屯門、大欖涌、龍鼓灘
雙魚	林村、新田、龍躍頭、船灣、翕和、蔡坑、上水、粉嶺、侯約
六約	平輋、香園、松園下、老鼠嶺、木湖等
東海	西貢、樟木頭、高塘、赤逕
東島洞	吉澳、東平洲、塔門、白潭洲、白蠟洲、滘西、鹽田子
西島洞	龍鼓、赤鱲角、馬灣、青衣、東涌、大澳、梅窩、坪洲、尼姑洲（喜靈洲）、長洲

▲ 從九龍灣望分隔「英界九龍」(左)及「華界九龍」(右)的籬欄，1898年8月。左方可見馬頭涌聖山上的宋王臺石。右方的九龍城區所屬的「華界九龍」稍後改名為「新九龍」。籬欄界線所在由1923年起開闢為界限街。

▲ 1899 年 4 月 16 日，英國人在大埔舉行接收
新界的儀式，位於儀式草棚內的接收人員包
括港府的輔政司駱克及警察司梅軒利等。在
這段期間，新界鄉民曾有反抗行動，但被英
軍鎮壓。

▲ 英國人租借「華界九龍」後，將其易名為「新界」，將部分接近原日邊界（界限街），由荔枝角至鯉魚門，包括深水埗、九龍城、牛頭角等區域，名為「新九龍」。圖為 1906 年 9 月 18 日一場猛烈颶風吹襲後的深水埗，左邊有一艘醫院船 Hygiene 號。當時的深水埗區，只為若干座複雜交錯的水塘海灣，灣旁的平地上則有多條小鄉村。1910 年代，當局在此進行大規模填海，才有現時的面貌。

▼ 沙田大圍一帶的耕地和田野，約 1918 年。

到了 1900 年，當局再將整個新界地區改劃為 16 個分約，而將部分接鄰舊日「華英分隔線」（界限街一帶）分約內的地區，劃作「新九龍」，當中部分包括：

第一約的九龍仔坳和馬頭涌；

第三約的九龍城西貢道一帶、蘇茅坪（秀茂坪）及弔頸灣（調景嶺照鏡灣）；

第四約的荔枝角至舊日「華英分隔線」北端的地區，包括長沙灣、深水埔及九龍塘等；

第五約的將軍澳灣。

總括來說，「新九龍」的區域包括：荔枝角、長沙灣、深水埔（又名深水垻、深水步、深水莆，於二戰和平後才正名為深水垻）、九龍塘、九龍城、牛頭角、鯉魚門以至將軍澳等地區。

1907 年，政府再詳細列出「深水埔約」（區）和「九龍城約」（區）的範圍如下：

深水埔包括荔枝角、長沙灣、石硤尾、九龍仔及九龍塘等地區。

九龍城包括九龍城區、牛池灣、牛頭角迄至鯉魚門範圍內的多個地區。

▲ 馬頭涌區，約 1900 年。左方可見九龍寨城
　和白鶴山以及九龍城道，還有第一代的聖
　三一堂和上帝古廟。右方為聖山，山上可
　見宋王臺石。（圖片由張順光先生提供）

▼ 土瓜灣區的耕地，約 1870 年，於十九世紀
　後期，當局曾將這一帶規劃為工業區。（圖
　片由蕭險峰先生提供）

由九龍寨城內，白鶴山上遠望九龍城區和
九龍灣。海旁的中部可見正有船碇泊的龍
津石橋，約 1900 年。（圖片由蕭險峰先生
提供）

1904 年，政府重新規劃「維多利亞城」範圍（範圍內劃分「四環九約」）的界線，以下為規劃結果：

北界：以海為界，海岸線為堅尼地城海旁、干諾道西、干諾道中、告士打道及高士威道；

南界：水面以上，海拔 688 尺的山坡；

西界：以摩星嶺為界；

東界：皇后玩耍場及馬球場（現皇仁書院、中華遊樂會及中央圖書館所在），以及旁邊之筲箕灣道（銅鑼灣道及禮頓道），以至黃泥涌道聖保祿書院一帶的山坡。

此外，當年政府的通告及公文，開始出現「維多利亞城第一約至第十約」，以及「五環」的名稱。「第十約」及「五環」應是指由天后至筲箕灣的東區地段。

而「西約」（西區）及「中約」（中區）的分隔線，是永樂西街連接文咸東街，再連接水坑口街上接普仁街。「中約」（中區）及「下環」（東區或東約）的分隔線則為花園道及美利道（約 1970 年之前，金鐘道仍稱為「皇后大道東」）。

▲　被規劃為金融區範圍內的畢打街，1924 年。左方為香港大酒店，正中為同年落成的亞細亞行。右方為即將落成，由舊郵政總局及高等法院改建的華人行。

▲ 由木球會（現遮打花園）望花園道及半山區，約 1930 年。這一帶於 1840 年代被規劃為軍事地段的美利軍營及操場，以及政府部門所在的政府山。軍事地段於 1958 年交回港府作民用。美利操場曾於 1962 年建成希爾頓酒店，現為長江中心。

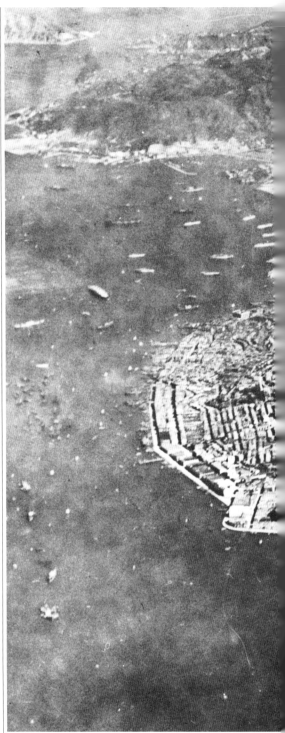

▲ 由雪廠街東望銀行區的皇后大道中,以及
登上政府山的炮台里,約 1915 年。中前方
的一棵樹於 2010 年才倒下。樹的左方為渣
打銀行,已結業的中華匯理銀行。最左的
樓宇稍後為有利銀行。

▼ 約 1936 年華人商貿區的皇后大道中。右方
為舊中環街市以及其西鄰的南興隆辦館。
左邊亦有多間辦館和洋貨店,與及位於
114 號的昌記銀號。昌記左鄰的生泰洋貨,
稍後為永隆銀號(銀行)的新址。正中位於
嘉咸街口的第一代高陞茶樓正拆卸,以興
建金城酒家。

▲ 港島鳥瞰圖，約 1927 年。右上方為深水灣及淺水灣，右下方可見薄扶林道、大口環及摩星嶺一帶對開的海灣名為美麗灣。最前方可見域多利道，再過是堅尼地城及西營盤。其上方是正在填海的灣仔，左上方為亦在填海的天后及北角區。

1901 年，港督卜力爵士（Sir Henry Arthur Blake）頒佈一幅有關屋宇通風之繪圖，交潔淨局（市政局前身）商量，同時審議樓宇建設騎樓（陽台）之法例。

1902 年，屋宇建設之新例頒佈，規定每座樓宇之內皆需設有通天。凡街道不足 30 尺闊者，兩旁屋宇不准建鐵騎樓，不足 50 尺闊者，不准建石騎樓，而且要全用英國泥，此新例於 1903 年起實施。

1904 年，遮打（Sir Catchick Paul Chater）提議興築第二條纜車線路，由炮台里經下亞厘畢道及堅道、己連拿利、干德道直上山頂。最後，因兩條路線太接近，而且港羅馬主教反對，最終告吹。

▲ 左圖：落成於 1920 年淺水灣酒店，約 1930 年。1921 年，司徒拔道、黃泥涌峽道及淺水灣道闢成通車，淺水灣即成為高尚住宅區及游泳勝地。

▲ 右圖：約 1936 年的中環銀行區。正中為頂上有大鐘樓的告羅士打行和酒店，其左鄰是電話公司的交易行，最左是一年前重建落成的東亞銀行大廈，右方的英皇酒店，即將改為中天行。

▼ 西灣河及筲箕灣區的愛秩序灣，約 1920 年。因形似筲箕而得名。筲箕灣為一自給自足式的漁港小鎮，十九世紀因來往中環的陸路交通，極端不便，故有「餓人灣」之名。右上方為鯉魚門兵房。

1905 年，有西商致函輔政司，倡議建一條由中環至香港仔的火車鐵路，計劃由雲咸街牛奶公司（藝穗會）築鐵路至堅尼地道，在洋商庇理羅士之巨宅底下開掘隧道，穿過太平山直通至薄扶林水塘，再築路至香港仔，但最終未能成事。

1909 年，當局將筲箕灣至赤柱之間中部的地點，定名為「柴灣峽」。

電車公司曾於 1913 年、1914 年、1916 年及 1918 年，申請在九龍開辦電車。設想之路線是由尖沙咀碼頭起經梳士巴利道，沿彌敦道，經荔枝角道至荔枝角。再沿太子道往九龍城，經九龍城道、漆咸道及梳士巴利道，返回尖沙咀碼頭。

為基建所需，政府自開埠時起，不時招標開投石礦，而夷平後的礦地，可作為建屋用地。1921 年，政府招標開投的包括：港島的七姊妹及筲箕灣的石礦；九龍區的佐敦道、角麟山（上海街以西）、福全鄉、鶴園、馬頭角、牛頭角、茶果嶺、茜草灣及鯉魚門的石礦。

1924 年，政府新設「港口發展局」，打算將紅磡規劃為「運輸港口」，以配合即將建成與九廣鐵路接軌之粵漢鐵路，冀使香港成為內地的商業重心，紅磡因接近尖沙咀鐵路總站而佔有地利。當局亦計劃在紅磡移山填海，興建碼頭及貨倉。政府亦同時計劃填海，以擴闊中、上環之干諾道中，並夷平利園山，將山泥用作堆填物。可是，上述兩項填海計劃皆因省港大罷工的不利影響而胎死腹中。

▲ 約 1887 年的尖沙咀。上中部為落成於 1884 年的水警總部，其左端為一年後落成的時球台，兩座建築物現仍存在。左方可見位於九龍角的九龍倉屋宇。正中的沙灘海段於 1905 年起被填平，以開闢梳士巴利道，以及興建九廣鐵路和總站，還有半島酒店及青年會。1860 年代起，尖沙咀被當局規劃為軍營區及花園別墅區，迄至 1904 年，華人是禁止在此居住者。

▼ 由尖沙咀九龍角，現「星光大道」一帶望九龍倉的建築物及中上環，約 1895 年。左中部船隻羣的後方，可見剛重建落成的第三代中環街市。右前方可見時球台。時球台前部分屬九龍倉的貨倉及地段，約於 1905 年由政府備價購回以建九廣鐵路。

位於跑馬地愉園，及樟園遊樂場（養和醫院所在）旁
的，為有過百年歷史的黃泥涌村，村內一名為「黃泥涌田」
的地段上，有屋宇 240 多間，居民有一千多。由 1920 年
起，黃泥涌村附近的土地，為富人所購以建新屋，開山取
泥以築地盤，堆積不少棄置的山泥。一遇大雨，村內的街
道皆被沖積的山泥堵塞以致水浸，居民需覓路狂奔以避。
1923 年一場大雨，該村一連塌屋 24 間。當時黃泥涌村並
無街燈，夜後一片漆黑，仿如鬼域。

1930 年，為把跑馬地發展為高尚住宅區，以及開築
包括山村道及山光道等多條新道路，當局將黃泥涌村清
拆，居民需遷往其他地區。

1927 年，當局在深水埗警署旁建成軍營，可容 3,000
人。淪陷時期，軍營被日軍用作囚禁外籍人士的「俘虜收
容所」。

1930 年，灣仔填海完成，當局規劃該新填地為華
人居住區，千多幢「紅毛泥石屎」（三合土）的四層高唐
樓在該一帶建成。輔政局蕭敦（修頓）爵士（Sir Wilfrid
Thomas Southorn），於規劃該新填地發展時，提議建一
「市肺」運動場，即為以他命名的「修頓球場」。

▼ 約 1920 年的灣仔海旁東，前方有一座「大
佛碼頭」，約為現熙信樓的所在。正中為摩
理臣山及山頂的舊馬禮遜教育學院。山下
為由灣仔道至巴路士街間的二號差館和鄰
近的樓宇，其前方有若干座碼頭和船廠。

由山頂望域多利軍營區、灣仔、銅鑼灣及北角，約 1890 年。中左部有七座金字屋頂的建築，為海軍食堂的「藍行」（Blue Buildings）。右中部為 1930 年易名為莊士敦道及軒尼詩道的「海旁東」。再過是怡和洋行的「東角」（有煙囪處）及其右方的「渣甸山」（利園山）。東角的背後為 1883 年興建的避風塘（現時的維園）。大坑及天后一帶的山段仍杳無人煙。

約 1925 年的灣仔，左下方約為聯發街。右中部為克街及茂羅街現英皇中心一帶，前方正進行填海工程。其上端可見利園山，其左方為波斯富街及旁邊的渣甸（怡和）洋行貨倉。

由摩理臣山西望灣仔、海軍船塢區及中環,約 1880 年。正中有四座金字屋頂的為海軍食堂的「藍行」,所在現為軒尼詩道的起點。其東鄰的屋宇全為外商的工廠、船廠和貨倉。藍行的右方為軍器廠。

　　1939 年，政府打算覓地建新軍營，因需要收回深水
埔軍營改作住宅區。同年，亦擬收回港島的美利兵房作發
展之用。

　　1940 年，當局計劃在掃桿埔及渣甸望台（渣甸山），
興建平民屋 1,000 間，以收容港九多處寮屋之貧民。到
1941 年，渣甸望台共收容了 2,500 多人，不少人在此種植
蔬菜。整個渣甸望台區分為六段，有稱為「自治警察」的
更練及清道伕。

　　當局亦同時在「大坑山村」設一個「平民營」，收容了
在此蓋建寮屋的居民 2,000 多名。

◀ 由香港植物公園望半山區，約 1946 年。可見日軍於淪陷時期，在金馬倫山上興建，工程尚未完成的「忠靈塔」。

▶ 銅鑼灣及加路連山區，約 1952 年。前方為保良局，正中為禮頓道，其盡頭處為正在填海的銅鑼灣避風塘，於 1957 年闢成維園。右方為大東電報局康樂會，其背後的舊樓於數年後改建為禮信、加路連及禮希等大廈，右上方為大坑及天后一帶的山邊寮屋區。左方為邊寧頓街兩旁的樓宇，巴士的左端為公理堂。

▲ 由山東街北望彌敦道，1954 年。左方為剛
由勝利戲院改建落成的麗斯戲院，最高的
建築物是亦為新落成，位於亞皆老街口的
滙豐銀行。右方位於奶路臣街口，一列十
多座只有地下舖位的屋宇，於 1955 年改建
成包括瓊華酒樓等的多幢建築物。當時彌
敦道的正中可以泊車。

淪陷時期的 1942 年，日軍計劃擴建啟德機場，將九龍城、馬頭涌及土瓜灣區的多條街道及建築物重整和清拆，七萬多人被迫遷走或被遣返內地。九龍寨城及宋王臺所在的聖山被夷平，包括宋街、帝街、昺街等，以及啟德濱上的多條街道因而消失。

　　和平後的 1948 年 3 月，當局草擬港九新界各區的發展計劃，詳情如下：

一、將九龍城發展為商業區，作為中區和九龍商業心臟地帶的延續，並在九龍城填海築路，以及興建多座碼頭；

二、將青山道對開至沿海的長沙灣地段一直至荃灣為止，發展為工業區；

三、將元朗及大埔發展為次要工業區。上水、粉嶺、錦田及部分元朗，仍繼續為農業區，政府並扶助其發展。同年，政府亦着手將荃灣開闢為香港的主要「副城市」及新工業區；

四、上環區人口擠迫，當局擬發展長洲為住宅區，以安置該區之居民；

五、政府區（政府山）的建築，連同港督府則遷往域多利兵房（現太古廣場一帶），冀將金鐘區一帶作為中區的延續；

六、將灣仔軍器廠街至太古船塢的海旁一帶，發展為風景區；而九龍的風景區，則集中於九龍灣一帶的海邊。

　　計劃公佈一個月後，長沙灣青山道船廠區的一幅官地拍賣，由香港紗廠以 74 萬港元的高價投得。而船廠則向政府申請，在茶果嶺或鯉魚門區重建。

　　同時，政府亦在北角至鰂魚涌被稱為「七姊妹」的地段，進行填海工程。自開埠時起，這一帶為長沙灘，旁邊有十多條客家村，相傳有七名異姓金蘭姊妹，在此投水死去而得名。戰前，淺灘上設有多座泳場。

和平後，本港共有西洋菜田 270 多畝，分佈於牛池灣、打鼓嶺、黃大仙、石硤尾、蘇屋村及白田村。1947年，港府下令禁止種植西洋菜。同年 10 月，各菜戶成立「港九農民聯合會」，向港督請願要求復種。1948 年 3 月，大量西洋菜在石硤尾村一帶的部分旱田復種，該一帶現時為西洋菜里及西洋菜北街。

　　1949 年 1 月 25 日，有數名上海富商向港府提議在九龍開辦無軌電車，路線為尖沙咀至九龍城及深水埗。

　　1948 年，政府批准渣甸望台（渣甸山），以及九龍仔（又一村）的住宅興建計劃。九龍仔及毗鄰界限街花墟山旁的農戶，以及部分花墟的花圃、菜圃、金魚店及商販等被下令他遷。

　　同年，當局打算收回九龍仔地段內之「模範村」。該村是日軍建於淪陷後期，以安置藉擴建機場為借口強徵九龍城及鄰近地區，被奪家園的極少量原居民。1948 年 9 月 6 日，模範村居民拒絕領取政府發出之「用地證」，要求批出「永久業權證」。

　　1948 年中，港府計劃將啟德機場發展為商業區，將附近數座小山夷平。亦計劃將銅鑼灣、北角的七姊妹間地段，發展為包括戲院、遊樂場、商舖及旅館等的娛樂和購物區。

　　1948 年 10 月，政府撥款 500 多萬港元，在禮頓山上 6,000 多呎的地段，興建公務員宿舍。該地段原為私人擁有，淪陷時期日軍在該處建一座「日本山妙法寺」。而位於其旁，禮頓道面向波斯富街舊一號警署及周邊地段，於同年 11 月 12 日公開拍賣，由電話公司購得。

▲ 約 1953 年的啟德機場。左前方的是「07」跑道，正中與其交匯的跑道於 1960 年改闢為爵祿街，該一帶同時發展為新蒲崗工業及住宅區。

1949 年，港府收回部分必列者士街及永利街的地段，亦包括一幅介乎必列者士街 38-66 號，以及永利街 14-22 號之間的 20 多尺高圍牆。

1950 年 11 月 4 日，政府再以 15-20 港元一呎的地皮價格，收回六幢位於必列者士街，及五幢位於華興里的樓宇，部分於淪陷時被毀。當局在此興建街市、廁所和浴室，皆於 1953 年落成。現時，該處街市正在動工轉變為「新聞博覽館」。

1950 年，被稱為「南角」及「香港之靴」（地形相似）的赤柱村，有不少外來豪客在此競購房屋。同年，政府將此鄉村規劃為住宅及別墅區。

位於港島南區的香港仔，是本港四大漁港之一，亦為知名的海鮮勝地。1952 年，當局在香港仔及田灣填海，獲地數十萬呎，政府在此興建漁市場及魚類統營處。同時，有近 30 幢樓宇在這一帶的東勝道、香島道（黃竹坑道）及香港仔大街興建。

1952 年 5 月，滙豐銀行前皇后像廣場的兩塊大草地被剷除，以闢停車地，又斬伐木球場側的一株老榕樹，以擴闊美利道。可是到了 1956 年，皇后像廣場又由停車地復變為花圃，以致停車位短缺。同時，當局亦斬伐波斯富街渣甸倉旁的 11 株老榕樹，以延長駱克道和謝斐道。

同年 9 月，政府在北角永興街以東，原亞細亞火油廠的地段，闢成水星街、木星街、蜆殼街和麥連街，以供興建 120 幢四層高唐樓，每幢約售 15 萬港元。

1953 年 4 月 3 日，政府計劃在鵝頸坑（鵝頸涌，現堅拿道），建厝房及永別亭，遭「英美煙草公司」（廠房現為伊利沙伯大廈）和數百居民聯署反對。

▲ 約 1880 年的油麻地。右上方約為白加士街、甘肅街，以及當時為海旁的差館街（上海街）一帶。約 1885 年，這一帶進行填海，新海旁道路為新填地街。右端則開闢了甘肅街、北海街以至佐敦道等的六條新街道。圖中的部分山段，於 1910 年起，部分被夷平以延長彌敦道。

　　同年 7 月，位於政府山上，花園道與下亞厘畢交界的新政府合署東座和輔政司署落成，此建築亦為律政司及工務司的辦事處。

　　同時，當局亦拆卸長期為香港「陸標」（地標）（Landmark），於 1847 年奠基興建的舊輔政司署，以興建新輔政司署及政府合署中座，兩者於 1957 年落成。

　　1953 年，政府亦收回雪廠街 13-23 號，當時為商舖所在之舊雪廠的樓宇，以興建政府合署西座，於 1958 年落成。

　　同年 11 月 6 日，當局下令早期名為「豆房坑」的何文田新村之農民遷往牛頭角，當時有菜農 41 戶，居民共 250。其旁有一接近窩打老道的「麗田村」，亦有不少由內地來港人士在此闢田種菜。這一帶又被用作收容包括東頭村等多區大火的災民。

　　1954 年 4 月，當局計劃夷平位於上鄉道、馬頭角道、土瓜灣道與炮仗街之間的馬坑涌山，在夷平之地段上興建樓宇。貴州街、馬坑涌道及落山道亦因而延長至海濱。

　　同年 9 月，政府亦開始建造由油麻地至深水埗的大糞渠，由佐敦道經炮台街、新填地街、荔枝角道，再經晏架街伸出大角咀避風塘側之海底，延至昂船洲外之大海，將穢物引至該處沖走。俟後，避風塘旁邊區域的衛生得以改善，區內 18 萬多居民即可獲水廁之便利。工程於 1956 年中完成，之前落成的百老滙戲院及滙豐銀行旺角分行，均要自行興建化糞池。

1954 年，港府在畢剌山開設石礦場，以代替當時在七姊妹者。又計劃將尖沙咀火車站遷往紅磡，在原址開闢三條新街道。

1955 年 3 月，當局決定將天后廟道向東伸延，夷平芽菜坑、康福台、炮台山及名園山的地段，再向東端延展。新天后廟道兩旁的荒地將興建高級住宅。而健康村亦開始夷山和打樁，以興建平民屋。

同年 6 月 1 日，港府接收中央航空公司的庇利船廠，以及位於馬頭角道的中央航空公司倉庫，稍後在該地段上興建可容一萬人的商住樓宇。

原為一片荒地，又名「渣甸坳」的「渣甸望台」(Jardine's Lookout)，是政府於二十世紀初撥予怡和洋行用作瞭望船隻進出維港。1948 年，當局批准在該處建屋。到 1956 年，已開闢多條新街道及建成 50 座高級住宅別墅。

1956 年 10 月，當局加緊拓展摩理臣山石礦場，以闢作住宅區。

同年，又決定發展土瓜灣，由北界鄧鏡波學校起，至南界馬頭角海邊的土地，以馬頭圍道及北帝街為分隔線。北界發展為住宅及廉租屋區，南界則為工業區。

1957 年 1 月，因交通繁忙，當局要擴闊港島半山之堅道，背海向山方面之樓宇要縮入九尺。

▲ 望夫石及沙田海，約 1965 年。左下方為沙田墟，現新城市廣場所在。

▶ 約 1950 年的沙田大圍，沙田海進行填海工程後，縮窄為城門河。

同時，亦着手改善該區包括麥當勞道、寶雲道、花園道以及羅便臣道間之道路交通，以興築若干條天橋，蓋平一橫跨麥當勞道的明渠。市政局亦着手整頓各區的街道和衛生，嚴密管理各大小牌檔。

由 1957 年 8 月起的一年內，當局着令灣仔活道，香港工業學校右鄰，馬士文石礦場山坡上的多間小型工廠及木屋他遷，用爆破方式將這一帶夷為平地。

1957 年 7 月 13 日，當局公佈皇后像廣場的發展計劃，當中提及該廣場的東半部屬於政府，西半部則為滙豐銀行產業。依照政府與滙豐於 1901 年所訂之合約，雙方同意將皇后像廣場保留為一空曠之地方。

該新發展計劃包括：

一、把興建於 1940 年、位於高等法院前的一列長木屋拆卸，改作空地；

二、把皇后行（現文華酒店）旁的一段花園復闢為停車場。

皇后像廣場於 1965 年再度動工，重建為現時面貌，於 1966 年 5 月 27 日落成。

同時，發展商在港島石塘咀的皇后大道西與屈地街，以及佐敦道與上海街之間已拆卸的原煤氣鼓地段上，着手興建多座住宅樓宇。

1957 年 7 月 2 日，香港大學建築系設計了一個尖沙咀遊客中心的發展藍圖，詳情如下：

NORAMA OF KWAI CHUNG - 1962

ANORAMA OF KWAI CHUNG - 1976

▲ 1960 年代初，當局在荔枝角旁的醉酒灣填海，以及展為工業、貨櫃碼頭和住宅區的葵涌，圖片為 1962 年和 1976 年的對比。

一、在天星碼頭前建一座兩層高的廣場，內設巴士總站；

二、在半島酒店前建一個休憩公園，及一個貴賓中心，供應本地居民及遊客所需之商品；

三、在水警總部旁建一座博物館或美術館，位於彌敦道的空地（現喜來登酒店所在），建一半球型屋頂之展覽館；

四、把火車站遷往市郊，在原地上建一條與梳士巴利道平行的新馬路；

五、在九龍郵局（現文化中心一部分）之前，興建一座停車場。

▲　約 1985 年的港督府，其背後的中半山地段，已建成豪宅的花園台，由當時起，摩天大廈式的豪華府邸，紛紛在這一帶落成。而港督府則於 1997 年香港回歸後，轉變為禮賓府。

1958 年 10 月 9 日，香港大學擇定荃灣為第一個「衛星城市」的研究計劃對象，首次會議於荃灣鄉事委員會舉行。

　　1958 年 6 月，政府收回美利操場，並開放供作停車之用；又陸續收回皇后大道東（金鐘道）一帶的軍事地段。同時，港府的「城市設計委員會」計劃在竹園村以北的「新九龍牛奶房」地段，闢建「鳳凰新村」。

　　同年 6 月 30 日，位於上海街、公眾四方街（眾坊街）及新填地街之間，當時為政府辦公樓之舊油麻地差館，其建築物部分攔阻着上海街，及伸延至榕樹頭廣場。當局在一個月內將其拆平，以「拉直」上海街。該差館於 1923 年已停用，1925 年改作巡理府（裁判署），直至 1936 年現為勞工審裁署的「南九龍裁判署」落成為止。

　　1960 年，當局在舊海軍船塢沿海地帶，進行填海，開闢夏慤道。年底，工展會在此舉行。

　　1961 年 11 月，政府接收現香港公園所在的美利兵房（軍營）。當中的美利樓於 1963 年被用作差餉物業估價署，曾於年中「鬧鬼」，成為新聞焦點。

　　1966 年 7 月，政府着手在中、上環區實施「清除貧民窟」的市區重建計劃。

　　1968 年，位於堅尼地城的垃圾焚化爐啟用；而位於荔枝角的另一座則於 1969 年初啟用，為世界最大者。

　　1969 年，政府將尖沙咀威非路兵房，改為供市民休憩用的九龍公園。同年舉辦之「香港節」部分活動亦在此舉行。

　　同年，政府決定將沙田闢作衛星城市，發展為商業及工業區，以及可容數十萬人的住宅區。同時，亦開始發展葵涌、屯門青山和西貢，除工商業外，亦可供市區的人口遷往。

　　同年 3 月 8 日，當局又決定於 1973 年收回香港木球場，後於 1979 年底闢成遮打花園。同時，當局租出尖沙咀一幅地段予九龍倉，以興建香港第一座貨櫃碼頭，迄至葵涌貨櫃碼頭於 1972 年啟用時為止。該地段於 1980 年代興建成「中港城」。

第二章 填海工程

在港督堅尼地（Sir Arthur Edward Kennedy）任內，於 1875 年開始的西環卑路乍灣填海，於 1886 年完成。這個新區域被命名為「堅尼地城」，旋即為新的華人居住區。

約 1880 年，當局在大坑村之筲箕灣道（銅鑼灣道）前，迄至堤道（Causeway）間的一半圓銅鑼形沼澤進行填海，新填海的地段上現時有中華遊樂會、皇仁書院及中央圖書館等建築。而堤道亦築建為高士威道。

1883 年，政府在高士威道前，闢建香港第一座避風塘。

1880 年代，港府在油麻地差館街（上海街）前，及其南端一小灣的沼澤帶進行填海，工程於 1885 年完成後，新沿海馬路為新填地街；而原來的小灣範圍，則開闢第一街至第六街的六條新街道，1909 年依次易名為甘肅街（第一街）至佐敦道（第六街）。1900 年，政府再在新填地街前端進行填海，於 1904 年完成，新沿海馬路為渡船街。

1889 年，港府在中西區進行大規模填海，範圍由中環美利道起，迄至石塘咀（西角）的海軍灣（電車總站一帶），新沿海馬路為干諾道中及干諾道西。新填地上隨即建成多座新式華洋樓宇，亦有包括天星、卜公及鐵行等多座新碼頭，全部填海工程於 1904 年完成。

▲ 約 1900 年的德輔道中。左方為落成於 1886 年的第二代滙豐銀行，其前方的填海已告完成，地段上已闢成皇后像廣場及域厘街（獲利街），右方的工地正興建太子行，於 1904 年落成。

▼ 由畢打街東望德輔道中及遮打道（左），1904 年。剛通車之電車的背後，為同年落成的亞力山打行，其背後正興建英皇酒店。左方正興建萬順酒店及沃行，所在現為遮打大廈。

　　倡議是次填海的議政局員（行政會議成員）遮打（新填地上有一以他命名的遮打道），於 1901 年 4 月邀請灣仔區業戶，推介他所提議由下環（灣仔）軍器廠（街），迄至銅鑼灣渣甸糖局（現加寧街一帶）海旁東（莊士敦道及軒尼詩道）前，進行的填海計劃，又將醫院山和摩理臣山夷平，以其泥石作堆填物。怡和洋行的司理人凱瑟克（Keswick）表示支持，但最後沒有結論。

　　1905 年 5 月，再度商議灣仔填海，遮打提出若由私人填海，所得土地交予填海者管轄，則填海者獲益太多。若將填地一半歸填海者，一半歸政府，填海者則收不回成本。政府原以為十個月前電車通行，會有大量市民遷居灣仔，但當時灣仔的住屋仍大量空置，故再擱置填海計劃。

▲ 1891 年初，為慶祝香港開埠五十週年金禧，在德輔道中與畢打街（右方）間，填海地段上蓋搭的慶典牌樓，所在於 1911 年建成第三代郵政總局。

◀ 落成於 1912 年的高等法院，約 1918 年。其前是落成於 1896 年的皇后像廣場，昃臣爵士像所在是滙豐銀行的獲利街。這一帶的地段是 1889 年填海所獲致者。

1900 年 3 月，深水埔（埗）區由荔枝角馬藤角山邊稅關廠前，一直沿長沙灣至「西角山及咼灣一帶」（海壇街、北河街及欽州街之間）的地段，由一蔡姓業主擁有，業主在其對開海段，自行填海以在此造舖建屋。而 1901 年 2 月 28 日，有「鄧族五大房都慶堂」聲明擁有上述地段及海段。

1909 年，該一帶的陸上地段，有長沙灣區的蘇屋鄉、蘇屋村及馬龍宮村。至於深水埔石硤尾村對開一帶，則有鴨寮村、田寮村、奄由村、黃竹村、白薯莨村、西角村和深水埔村等。該一帶的街道有深水埔大街、正街、灰窰街、上橫街及重慶街等。

1909 年起，港府在深水埔區進行大規模填海。1912 年，由石硤尾村至鴨寮村（汝州街一帶）的填海工程完成。

港府亦同時在荔枝角填海獲地 345,928 呎，在油麻地填海獲地 145,350 呎，在土瓜灣填海獲地 140,000 呎，以及在港島筲箕灣填海獲地 103,000 呎。同時，亦於 1905 年在尖沙咀一個海灣進行填海，以開闢梳士巴利道和興建九廣鐵路軌道，及總站大樓。1925、1926 年，青年會和半島酒店亦在此落成。

1918 年，政府收購深水埔一地段，以興建荔枝角道，作價 1,966 港元。

1921 年，三達（Standard）公司在荔枝角填海，以興建四座可容火油 700 萬加侖的油庫。1925 年及 1927 年，荔枝角道旁的深水埔警署及軍營依次落成。深水埔及長沙灣的填海工程，亦於兩年後完成。

1910 年代初，當局將由眾坊街至窩打老道之間的加冕道（於 1920 年代易名為彌敦道）延長至旺角大埔道，方法是在旺角至深水埔一帶填海，夷平加士居道旁一座山崗，以及填海而延長彌敦道的工程，於 1926 年完成。

▲ 1912 年起，當局在深水埗、長沙灣以至荔
枝角一帶，進行大規模填海，工程於 1927
年大致完成。圖為新填地上的臨時房屋，
攝於 1927 年。

▲ 約 1915 年的灣仔海旁東（莊士敦道）。
右方為位於與第一代軍器廠街交界的「藍
行」，電車背後為「和昌大押」的樓宇，左
方的海段現為「福臨門酒家」所在。

▼ 於 1895 年剛重建落成的第三代中環街市，
其前方正闢建德輔道中。街市右方租庇利
街的中段，於 1930 年代曾為鹹水魚批發市
場。

▲ 約 1913 年的干諾道中。可見域厘碼頭及其
背後的天星碼頭，正中是兩年前落成的畢
打街郵政總局。

當局亦於 1910 年起在土瓜灣填海。當時由九龍城區至土瓜灣的海濱，建有一條鐵軌。一部西式火車頭，牽引一串運泥車沿着海邊行駛，泥車所運載的，是夷平較杯石山的泥石。早期，有一所教會開辦的女童院，位於較杯石山上。被夷平之較杯石山的地段，用以開闢馬路，泥石及女童院的磚瓦，則用作堆填。

1913 年，何啟及區德創辦啟德營業公司，運用私人填海方式，在九龍灣進行填海，以興築住宅及工業樓宇供租售，名為「啟德濱」。第一期填海工程於 1920 年完成。可是，第二期工程因受省港大罷工等不利原因影響，而被迫中斷。1927 年 11 月，啟德濱的地段被政府強制收回，1928 年，當局在該地段發展民用機場，於 1931 年 10 月完成。

1921 年，夷平摩理臣山及在灣仔軍器廠至東角之間的填海工程終於開始，原定於 1927 年 10 月完成，但因山石過多要推遲至 1930 年。夷山及收購地段等共花 500 多萬港元，部分工程由生利公司承辦。該工程於 1930 年 2 月大致完成，當局打算在大部分已被夷平的摩理臣山之地段，開闢為大公園，在新海旁告士打道前興建若干座內河船及渡海小輪碼頭。

同時，政府批准地產商在新填地上開闢的包括軒尼詩道、駱克道及謝斐道等多條新街道的兩旁，興建紅毛泥石屎（三合土）結構，新型的四層高唐樓 1,600 間。

1932 年 12 月，政府以交通問題為由，將年宵市場攤位由上環威靈頓街、皇后大道中、蘇杭街及文咸街等，遷往灣仔新填地修頓球場四周，包括分域街、盧押道、柯布連道、軒尼詩道及告士打道一帶。可是，不少攤販仍在上環的市場擺賣。

同年，九龍的年宵市場亦指定設於同為新填地，由彌敦道至海旁的窩打老道，以及深水埗由鴨寮街至海旁的一段南昌街。

▲ 約 1928 年的中環與東區。左下方為華人行，正中是海軍船塢，右方可見即將完成之灣仔填海，已填就一大片地段。右中上部分可見已被夷平的摩理臣山。

▶ 約 1915 年的灣仔。前中部為醫院山及普樂里的兩座煤氣鼓，兩者的背後為摩理臣山。左方的海旁東後來為莊士敦道。

▲ 約 1954 年的灣仔。正中為修頓球場及三年
前落成的國殤大樓。右上方可見由避風塘
填築的維園,其前方已建成一座新避風塘。

▶ 約 1931 年的灣仔新填地。中前方的空地即
將闢建修頓球場(當時譯作「蘇敦球場」),
已有近千幢四層高的「石屎」(三合土)唐
樓落成。右中部為利園山,其背後為銅鑼
灣避風塘。

1931 年，當局在青山道至欽州街一帶的山崗，挖泥供長沙灣填海之用。

1939 年，政府公佈中環填海計劃，在統一碼頭以東填地四萬呎，並築兩座新碼頭以發展航業，但最終並無實行。

1940 年 10 月 7 日，政府利用茶果嶺至牛頭角之間的海灣，為九龍區的垃圾「消納」（堆填）地，若填平，則茶果嶺與牛頭角即可連為一體。不過，由於當年霍亂流行，此舉為輿論所反對；亦因外圍戰雲密佈，填海終無實行。這一帶（日後為觀塘）的海灣因而被稱為「垃圾灣」，亦有不少人在此棄置爛布。淪陷時期，日軍當局將這一帶定名為「塵芥灣」。

和平後，當局積極在北角進行填海，1948 年已完成大半，附設可泊萬噸大洋船碼頭的龐大聯益貨倉，在新填地上的和富道興建。該貨倉於 1980 年發展為住宅「和富中心」。

同時，有不少新樓，在海邊至原名園遊樂場一帶落成，有 40 間（幢）民房，在面向英皇道及春秧街之地段上興建，故這一帶又被稱為「四十間」。

1949 年 3 月，政府再計劃由海軍船塢西面起，至「三角碼頭」（永樂西街對出）之間進行填海，亦打算於工程完成後，將德輔道中的電車軌移往干諾道中。

同年，當局在茶果嶺山的石礦場，採石運往北角填海。

▶ 約 1950 年的銅鑼灣避風塘，右方是由堤道（Causeway）闢建而成的高士威道。左中部即將興建皇仁書院。東鄰的興發街一帶，有著名的敬記船廠、馬寶山及安樂園的食品廠。避風塘於 1951 年開始填平以築建維園。

▲ 中區和東區，約 1954 年。填海築建愛
  丁堡廣場（左）及維園的工程即將完成。

▶ 1952 年，開始填海的干諾道中，可見
  有中英文標示的第一代皇后碼頭，新
  填地段被命名為愛丁堡廣場。

▶ 約 1930 年的灣仔，新海旁即將開闢告士打道，正中橫亘的是闢建中的軒尼詩道。右下方為醫院山上的海軍醫院（現律敦治醫院）。兩棵樹之間將闢建菲林明道。

1951 年 2 月，由北角聯益貨倉旁難民營至麗池泳場間的填海工程完成，獲地 35 萬呎，有十多個足球場般大。同時，當局決定在銅鑼灣避風塘填海以闢建維多利亞公園，工程於四個月後開始，設於興發街海旁的敬記船廠須他遷。當局亦在奇力島至興發街海面，興建一座新避風塘。

同年 9 月，政府開始夷平部分天后廟山，以築建天后廟道及雲景道，掘出的泥石用作填海。當局又封閉北角垃圾傾卸場，以銅鑼灣避風塘取代。又開始移平利園山，山石及泥土亦用作堆填，兩年內完成。山上的多株老榕樹被伐，嶺英中學遷往北平道，一座觀音像則遷往沙田萬佛殿，被報章形容為「過海神仙」。

夷平後的利園山地面有 30 多萬呎，在此開闢的新道路有北（恩）平道、啟超道、白沙道及蘭芳道等，怡和山街則易名為利園山道。

1954 年 1 月，銅鑼灣填海已完成大半，新填地上旋即有數百小販攤檔，遊人如鯽，被稱為「平民夜樂園」，當中混雜了不少三教九流人物。

同年 5 月，夜樂園的攤檔全被清除，占卜星相檔則遷往興發街，以及大坑區浣紗街正中的明渠水坑兩旁。新填地上開始培植花草。1955 年 5 月，維園的兒童遊樂場落成開放。1956 年 2 月，沈常福馬戲團在維園上演。

同於 1951 年中開展，由美利道至雪廠街之間的愛丁堡廣場填海亦進行得頗快。1953 年，開始封閉域多利游泳場（所在現為和記大廈一帶），以及拆卸其旁邊的美利碼頭。新皇后碼頭及天星碼頭亦動工興建。1954 年起，工展會在愛丁堡廣場舉辦，所在於 1962 年建成大會堂。

▲ 愛秩序灣（筲箕灣）1951 年，正中為太古船塢（現太古城）及其左鄰的員工宿舍。愛秩序灣要到 1980 年代才進行大規模的填海。

▼ 1963 年的中環。右中部的文華酒店將建築完成，其前方天星碼頭之左邊正開始填海。

1954 年 4 月，當局在土瓜灣道對開處，迄至宋王臺道尾進行填海，興建一座新碼頭及煤氣廠。同年 8 月，又決定在垃圾灣的觀塘區進行填海，以開闢新工業區及住宅區。

　　1955 年 3 月，當局計劃在長沙灣青山道、永隆街對開，福榮街及東京街海旁填海，多間船廠及工場需他遷。

　　同時，又在筲箕灣南安街前，船廠及木屋所在的海濱進行填海。

▶　由北角西望維園及灣仔，約 1966 年。告士打道對開，吉列島與軍器廠街間的填海，已完成一半，正中可見新灣仔碼頭。

1956 年，在紅磡大環山夷山，及在前面的大環灣填海，新土地作康樂用途。

　　1957 年，開始在上環林士街至摩利臣街之間填海，需拆卸曾為港澳碼頭的德記，及大業等碼頭，和若干座電船仔碼頭。工程於 1958 年完成，新填地即成為一如荷李活道「大笪地」及「榕樹頭」般的「平民夜總會」。

　　1956 年 4 月，經填海於港九獲致的新土地包括：觀塘 48 畝、長沙灣 33 畝、柴灣 80 畝。

　　落成於 1953 年的銅鑼灣新避風塘，到了 1958 年已泊有船艇千多艘，大多數是用作運載，碇泊於港海浮泡大洋船的乘客往來陸上，晚間則供遊河或渡宿用。當中有 30 多艘售賣食品，五至六艘供人召妓者，召妓艇每晚收 10 港元，多搖到海中心以迴避警察。遊河艇每小時收 1 港元，舉家遊河乘涼，為賞心樂事。食物艇則出售艇仔粥、雲吞麵、東風螺、汽水、雪糕雪條、生果及香煙等。

　　1957 年 8 月 24 日，位於北角糖水道以東、電照街以西的填海行人道地段，分別命名為西堤、海港街及東堤。

　　1958 年 10 月 20 日，土瓜灣開展連接海心島的填海工程。

▲ 約1965年的油麻地及旺角鳥瞰圖。右中部可見窩打老道及剛全部落成的廣華醫院。右下方為天后廟榕樹頭和公眾四方街（眾坊街）。左方為渡船街，其對出為油麻地避風塘。左上方可見山東街口，有一小輪碇泊的旺角碼頭。

◀ 約 1973 年的大角咀。前方是櫻桃街，中間為銘
基書院以及其右鄰的路德會沙崙小學。小學的
右邊三層高的廠廈，是位於棕樹街的唯一冷熱
水瓶廠的駱駝大廈。前方的海段現時為屋苑的
「帝峰皇殿」。

▲ 油麻地避風塘旺角的部分，約 1968 年。左方是
山東街與渡船街間的旺角碼頭，因位處避風塘
內，碼頭是無廁所者。右方是櫻桃街，圖片的
正中現為富榮花園、柏景灣及帝柏海灣的所在。

▶ 在中區海旁興建的海濱公園，約 1980 年。背後
為統一碼頭。

　　1960 年 1 月 5 日，當局計劃進行在葵涌村對開的醉酒灣（又名垃圾灣）進行大規模填海。

　　1961 年 10 月，當局着避風塘及各灣頭之住家艇居民，限期遷居陸上。

　　1963 年，由天星碼頭起迄至上環林士街的填海工程開始，獲地 12 英畝，以解決中西區的交通擠塞。

　　1964 年 5 月 1 日，當局批准由海軍船塢起，沿告士打道伸延至吉列島（奇力島）的填海，工程隨即展開，到了 1968 年大致完成。新灣仔渡輪碼頭同年 3 月 10 日啟用，工展會亦在此舉行。新填地上亦展開紅磡海底隧道的工程。

　　由 1951 年及 1963 年分兩期開展的中、上環填海工程，於 1969 年完成。同年，開始擴建可供雙程，共四線行車的干諾道中。

◀ 約 1987 年的中環及灣仔海旁，可見天星碼頭及
「L」字型的第二代卜公碼頭。左方的灣仔區正在興
建會展中心。1990 年代初，這一帶進行大規模填
海，以興建中環機鐵站、國金中心及四季酒店等。

▶ 正進行龐大填海工程的中環和灣仔區，約 2006 年。

◀ 由港島半山望正在填海的「西九」地段，約
　1995年。這地段正興建西九龍公路、機場
　鐵路快線及東涌線，以及西隧出入口。左
　方為新油麻地避風塘，右方可見渡船角的
　「八文大廈」。

▶ 進行填海的「西九」地段，約1994年。右
　方的「八文大廈」前，仍見有渡輪停泊的佐
　敦道碼頭。

第三章 土地發展

　　西環堅尼地城填海於 1880 年代中完成，即時成為華人的新居住區。當時堅尼地城的土地及樓房價格，是較半山以同一港督命名的堅尼地道更昂貴。

　　1870 年代後期，香港的房地產投機熾熱，大量中、上環區的物業連地皮，由洋商轉讓予富裕的華商。

　　以南北行商為主，從事轉口貿易的華籍商人，大量收購各洋商之商行和貨倉物業，範圍越過「華洋分隔線」的鴨巴甸街，一直伸延至接近「政府山」的中區商業心臟地帶，部分地段是由教會售出者。

　　同時，政府亦以公開標投，以及批售形式出售多幅港九地皮，供興建商住樓宇、廠房、貨倉及碼頭。批售的包括由港督軒尼詩 (Sir John Pope Hennessy)，於 1880 年批出予富商遮打，位於尖沙咀麥當奴道（廣東道）的地段，以興建九龍倉；另兩幅分別為位於港島鰂魚涌和堅拿道，供太古洋行，及華商黎玉臣以興建太古糖廠及利遠糖局。

　　大部分華商將購得的物業，改建為兩三層高的中式樓房。這些樓房的衛生環境惡劣，港府於 1882 年發表《有關香港衛生情況的查維克報告書》(*Reports on the Sanitary Condition of Hong Kong*) 予以譴責並表示關切。

　　地產泡沫於 1881 年底爆破，華商大受損失。加上華人居住區有欠衛生，導致 1894 年發生瘟疫，地價跌勢更急。

▲ 1881 年，慶祝英國維多利亞女皇之兩位皇孫（其一為
後來的英皇喬治五世）訪港時，上環東來街一帶的裝
飾。圖左的建築為船政署，1897 年「西局」（上環郵局）
亦設於此。前方的海旁中地段現為摩利臣街及德輔道
中。 1889 年起的填海完成後，右端築成干諾道西。右
邊屋宇一帶於 1906 年建成北便上環街市（西港城），
「L」型的東來街稍後易名為東來里。

1889 年開始，由中環至西區石塘咀的大規模填海，於二十世紀初全部完成，新填地上，大量中外人士興建的商住樓宇陸續落成。

　　在中環的地段上，皇后像廣場的四周，除第二代香港會所（落成於 1897 年）、干諾道中 1 號的太古洋行（落成於 1897 年）、其西鄰的電訊大樓和馬會辦事處外，大部分這一帶土地及樓宇由成立於 1889 年的「香港置地及代理有限公司」（置地）所購得，以興建新型辦公大樓。當中包括皇后行（落成於 1899 年）、東方行（落成於 1898 年）、皇室行（落成於 1902 年及 1904 年）、亞歷山打行（落成於 1904 年）、聖佐治行（落成於 1904 年）、太子行（落成於 1904 年）、皇帝行及背後的沃行（落成於 1905 年），以及安達銀行大廈（落成於 1906 年）等多座。

　　該等新大樓皆有電燈、電風扇和電梯的裝設，電力由同成立於 1899 年，位於灣仔（現星街一帶）的香港電燈公司供應。

　　1894 年，鼠疫在太平山區迸發，包括太平山街、街市街（普慶坊）、堅巷等多條災區街道上，多座被當局名為「咕喱寓所」的樓宇被拆卸，以重整街道及闢建「市肺」的卜公花園。若干條包括瑞興里、央樂里、亞秀巷及剃皮巷等街道，亦因此消失。受影響的街道還有必列者士街、磅巷、四方街、樓梯街，以至區外的善慶街、美輪街、歌賦街及九如坊等。1906 年，當局在堅巷 2 號地段上，興建一個「病理檢驗所」，1996 年轉變為香港醫學博物館。第二代的青年會建築物，則於 1918 年在必列者士街尾落成。

　　除置地公司等外商外，華商亦在中西區的新填地段上，大舉購入土地以興建商住樓宇、酒店旅館、貨倉、工廠和碼頭等。

▶ 由海旁中，經填海擴闊後易名之德輔道中，1919 年。右方為機利文新街口的雲泉館（茶樓）。左方為二十世紀初在新填地上興建的唐樓，地舖以經營船具為主。中間可見一蓋搭中之喪棚，其背後為著名的「第一茶樓」。

為發展剛平整完成，以及由填海而獲得大量新土地的石塘咀，當局飭令位於上環水坑口風月區的妓院及酒樓，於 1906 年或之前遷往石塘咀，該區隨即成為一個「城開不夜、紙醉金迷」的「塘西風月」區。

在上環填海區的北便上環街市（現為西港城）於 1906 年落成後，當局推出其鄰近干諾道西 6、7、8 號，和背後新街市街 11、13、15 號之地段供投標，附有在對開海面築建碼頭的權利。

1909 年，置地公司有多座位於灣仔皇后大道東、晏頓街、蘭杜街及李節街一帶的樓宇及舖位出租。該地段原為法國教會及嬰堂，1905 年起遷往銅鑼灣道一帶後，易手予置地。

置地亦擁有鄰近海軍食堂的藍行（又名藍屋，Blue Buildings），於 1920 年代後期拆平以開闢軒尼詩道。藍行西鄰為「大佛口」名稱源起之大佛洋行。由大佛口、皇后大道西、日街、月街、星街，以至聖佛蘭士街一帶，被稱為「杉排」，由二十世紀初起漸成為華人的居住區。

當時，置地公司及其聯號的填海公司，在尖沙咀擁有 42 萬呎地段。另一大地主為九龍倉集團，擁有位於廣東道、梳士巴利道及北京道的大量貨倉地段。

約 1910 年，在深水埔（埗）多個村落和交錯的各海灣之間，進行的填海陸續完成，開闢了包括桂林街、欽州街、醫局街、南昌街，以及用已消失的村落命名的鴨寮街、黃竹街及塘尾道等多條街道。

早於 1906 年，已有一間由鄭耀堂擔任司理人的「深水埔置業公司」，在此進行地產發展，稍後包括李平及李炳等商人亦在此大舉購地建屋。當時已有若干條往來中、上環的小輪航線開辦。

至於毗鄰之大角咀區地皮，連同上蓋樓宇之拍賣價格，1910 年位於福全鄉大街（福全街），面積 1,000 呎者為 1,400 港元；雪陀街（Suidter Street，已消失）者為 1,000 港元。

◀ 約 1910 年的大埔新墟，在 1899 年英國人接管前，新墟已十分繁盛，現時這裏為廣福道一帶的市中心。

◄　銅鑼灣電車總站及候車亭（左），約
　　1923 年。背景是原為怡和紡織廠改
　　成的聖保祿學校。

　　1921 年，加任亞厘行、拈孖治洋行，以及西班牙教
會分別在尖沙咀彌敦道、赫德道和金巴利道興建樓宇，共
計有十多幢。

　　1924 年 12 月，中華電力公司投得長沙灣區約四萬呎
的內地段，每呎 1.2-1.8 港元。

　　1922 年，一批英商組成「九龍塘及新界發展有限公
司」，在平整完成的九龍塘，以及原為客籍人士居住的九
龍塘村地段上，開闢多條街道，並興建近百座英式別墅。
但興建至 50 座時遇上 1925 年省港大罷工，加上發起人逝
世，工程停頓。到 1927 年，形勢改觀，亦已有到此之巴
士路線，何東爵士遂接手「爛尾」工程，別墅陸續建成。
因此，該區多條以英式小鎮命名的街道當中，有一條名為
何東道。

　　1923 年，定例局員（立法會議員）周壽臣等，獲港府
批出黃竹坑區的 50 英畝土地，他們聯同馮平山、羅旭龢
（Sir Robert Hormus Kotewall）及李右泉等知名人士，在現
時壽山村道等一帶，築建多幢中西式樓宇。

當時，港島東區的地產交投亦十分活躍。1918 年，天后區威非路道與興發街之間，包括廣生行廠房的新填地段上，有大量地段租售。

1924 年，富商利希慎以 450 萬港元，購得怡和洋行「渣甸山」地段，旋即易名為「利園山」。

1927 年 8 月，益群公司以每方呎 0.15 港元的價格，獲當局批出大坑山現益群道一帶的官地建屋出售，每座兩層者售 7,000 港元，皆可享有海景。其鄰近的山段，稍後建成虎豹別墅及萬金油花園，於 1936 年對外開放。由虎豹別墅至渣甸望台 (渣甸山) 的大坑山區，大部分為寮屋區，於二戰和平後，逐漸發展成高尚住宅區。

淪陷期間，因海底電線被盜拆破壞，鴨脷洲一度停電至 1947 年底，仍未恢復。

1947 年 8 月 30 日起，位於銅鑼灣東角渣甸倉的怡和午炮，恢復在正午 12 時鳴放。

1947 年 10 月 23 日，包括士丹頓街、鴨巴甸街、必列者士街、中和里、華賢坊東、華賢坊西、城隍街，以及永利街一帶，被稱為「卅間 (士冊頓街) 廢墟」內的各爛屋業主，在東華醫院舉行會議，何甘棠、馬敍朝及徐季良為會議召集人。淪為「瓦渣崗」的廢墟，是因年代久遠，且經戰亂及盜拆所致。該等爛屋業主組成「復興委員會」，向當局申請撥款重建。1952 年起，多幢四層高的唐樓，相繼在廢墟中的各街道上落成。

1948 年，北角商務印書館前的英皇道一帶地段，平整工程已大部分完成。煤氣鼓附近的小泥山亦漸被夷平，中巴在此建新車廠 (所在現為港運城)。商務印書館背後包括和富道一帶的填海亦告完成，多座樓宇及聯益貨倉 (現為和富中心屋苑) 在此興建。

1948 年 6 月 14 日，為整頓該區治安，警探在灣仔「杉排」，即華人聚居之日街、月街、星街及捷船街多處，搜查黑社會分子，多人被捕。警方並於附近數座防空洞搜出贓物。防空洞雖被封閉，但歹徒仍可在此出沒，以收藏贓物和利器。

同年 12 月 11 日，灣仔二號 (告士打道) 警署之警察，圍搜修頓球場、該區的 18 間茶室，以及春園街的麻雀館，拘捕數十人。另外，又搜查洋船街、杉排山邊包括星街一帶木屋區之「煙格」和淫窟。

1949 年 6 月，北角亞細亞（殼牌）油倉，大部分遷往被稱為「垃圾灣」的「官當」（觀塘）附近之茶果嶺。空出之地段，開闢水星街、木星街、蜆殼街和麥連街等多條街道。該公司位於大角咀之飛機油庫亦遷往茶果嶺。

鯉魚門側之茶果嶺，戰前為一小村，人口 500 多。自油倉遷至此後，茶果嶺大街變成鬧市。同時，茶果嶺及鄰近之鹹田（藍田）開始填海，美孚及德士古亦在此設油庫。

1949 年，多座高尚公寓式屋宇，在港島干德道、羅便臣道、北（恩）平道、新寧道及九龍的青山道建成。

位於上環文咸東街、永樂街及摩利臣街交界，俗稱「十王殿」的廣場，自十九世紀中期起為街頭菜市場，亦為坊眾的購物場地。

以余達之為首的多名廠商，於 1948 年組成一間「又一村建設有限公司」，發起集體建屋計劃。1950 年 3 月，公司獲政府以每呎 1 港元之地價，批出位於界限街附近，連同一座花墟山共 40 英畝地段。後來，公司將山夷平，在該處興建百多座兩層高連小花園的別墅式樓宇，名為「又一村」，屋村範圍內設有學校及會堂。建屋工程於同年 7 月 11 日開始，第一期有屋宇 114 座，第二期為 77 座，已認購的股東安排在華商總會（中華總商會）抽籤。1954 年 12 月，38 戶開始入伙，十條以花木為名的道路亦開通。

▲ 荔枝角九華徑村對開的醉酒灣，1936 年。伸出海面的土地為東京街及深水埗軍營。醉酒灣於 1960 年代被填平，命名為葵涌的新土地上興建住宅和工業樓宇，以及龐大的貨櫃碼頭。

▼ 1947 年颱風後的荃灣。船隻擱淺處現約為海濱公園一帶。對開青衣島牙鷹洲油庫的所在，現為屋苑「灝景灣」。

▲ 約1952年的香港仔（左下），海洋公園所在的南塱山（左上），以及鴨脷洲（右）。當時這一帶為郊遊及「食海鮮」的勝地，由香港仔往鴨脷洲需乘渡輪，現已成為交通便捷的市鎮。

▼ 由美利軍營區（現「香港公園」所在）西望中環銀行區，約1969年。左方為美利大廈及聖約翰座堂，正中為於美利操場原址興建的希爾頓酒店。酒店於1990年代中拆卸，改建為長江中心，而美利大廈現時則修建為一座酒店。

1952 年 2 月 3 日，夏利文地產公司被委任為銅鑼灣渣甸倉地段之出售代理。

同年 5 月，位於軒尼詩道的渣甸東倉已被拆平，分為 11 部分出售，每呎地皮售 110 港元。位於與波斯富街的交界處，於 1955 年建成紐約戲院（現銅鑼灣廣場一期）。而由軒尼詩道至海濱（告士打道）的一段波斯富街，多間鋸木廠和杉木店需要遷移。

渣甸東倉於 1850 年建成，1953 年當局將部分貨倉地段劃作延長的駱克道及謝斐道。位於駱克道與東角道之間的花崗石拱門則於 1843 年建成，貨倉羣內有幾門古炮，於淪陷時失蹤，和平後用海軍炮置於原處。

1952 年 12 月，波斯富街以東的軒尼詩道，原渣甸東倉地段，建成了多幢新唐樓。

自 1949 年大陸政權易手後，大量新移民來港定居，導致北角新開闢的建華街、清華街、明園西街以至繼園台一帶，新樓林立。

地圖上，由天后區至太古糖廠（太古坊）為止的一帶之地形，如港島北面突出之一角，故定名為「北角」，長期以來又被稱為「七姊妹」。

在此定居的大部分是被稱為「上海人」的外省人，不少為富商，故北角被稱為「小上海」，區內亦有多間包括五芳齋、四五六、鴻運樓及燕雲樓等上海食肆。

北角靠山的地段有：琴台山、炮台山、繼園山，以及健康村及柏架山等。由名園西街直上的名園山上，有一個賽西湖水塘。

1952 年 4 月，北角區共有樓宇 1,800 層，木屋 1,300 間。包括數座山頭的木屋區域，多處由發展商購得以興建樓宇，居民則被遷往柴灣坳的興華村。

當年春秧街的地皮價格為每呎 27 港元，糖水道為 30 港元，名園西街一帶為 30 港元，英皇道 25 港元，堡壘街 40 港元。當時，包括春秧街、糖水道、渣華道等街道的兩旁，已建成多幢新住宅樓宇。

同年，當局亦清拆跑馬地聚文街及藍塘道一帶，名為「打鐵寮」及「全香園」兩區的木屋，供興建住宅，居民被遷往柴灣坳。同時，當局亦劃定黃泥涌街市旁空地上共139座小販攤檔。

當局於 1954 年又遷徙銅鑼灣中山坑、芽菜坑及炮台山的寮屋居民，在此興建住宅，並着手填平健康村窪地。同時，將北角碎石廠拆卸，夷平所在的山丘，在此興建四、五層高的平民屋。

同年 7 月，牛奶公司在銅鑼灣記利佐治街一帶所屬之產業地段上，設置一個新產奶場地。該公司在那裏亦有容積約 130 萬立方呎的凍房。這一帶的凍房和地段，於 1960 年代後期開始陸續被改建為附有翡翠及明珠戲院的珠城大廈、恒隆中心及皇室行等建築。

早於 1952 年 5 月，鑽石山區因住有不少來自中國大陸的移民，被稱為「新大陸」。這裏有宮殿式建築的尼庵「志蓮淨苑」，設有義學。旁邊有一名為「華清池」的泳池，亦有一名為「鳳凰溪」的大溪流。前往那裏可乘巴士在黃大仙或元嶺站下車，或在舊稅關道（清水灣道口一帶）的牛池灣站，步行經元嶺前往。

1954 年，大量住宅樓宇在紅磡蕪湖街、馬頭圍道、漆咸道及機利士路一帶興建。

同年 11 月 9 日，在石塘咀及西環之間炮台山上的卑路乍（Belcher）炮台舊址，着手興建政府公務員合作社式大樓 18 座，名為「寶翠園」。合作形式的正式名稱為「居者有其屋」，辦法為政府借款予公務員領官地建屋，分 20 年清還。

▲ 1953 年的大埔，前中部為市中心，左下方可見林村河及廣福橋。右下方為大埔墟火車站。

▼ 1970 年代中的同一地段。左方已闢成汀角路，上有「太平地毡廠」等建築，右方運頭街一帶亦建有多幢新廈。1980 年起，這裏有翻天覆地的變化，工業邨及多座住宅屋苑在這一帶落成。

PANORAMA OF SHA TIN - 1962

PANORAMA OF SHA TIN - 1976

1955 年中，廖創興銀行以每呎地皮價格約 66 港元，斥資 600 多萬港元購入由七號警署起至石塘咀屈地街一帶、德輔道西與干諾道西之間的多座貨倉和工廠，後改建為 40 幢六層高、兩幢九層高的住宅樓宇。其鄰近的大道西兩旁之煤氣鼓，亦於 1956 年遷往馬頭角，原址興建西環大樓及永華大廈等住宅樓宇。

1955 年起，立信置業公司在尖沙咀金巴利道興建十層高的香檳大廈，設有電話線、麗的呼聲線及收音機天線。同時，發展商在其對面原西班牙教會地段上，興建美麗華酒店。

▲ 1962 年的沙田，由上下禾輋一帶望城門河。前方可見當時名為大埔道的大埔公路，右方為大圍，城門河的另一端為馬鞍山。

▼ 同一地點，攝於 1976 年。當局着手將沙田發展為新市鎮，在新填地段上可見剛落成的和輋邨廉租屋。

1956 年，政府提供永樂街與摩利臣街交界之上環郵政局、經濟飯店，以及有 70 多年歷史之陳舊牛房（牛隻供拖拉垃圾車用），以供興建設有新郵政局的上環電話大廈。

同年 7 月，位於尖沙咀彌敦道、內有 50 多間商店的重慶市場決定清拆，興建重慶大廈，於 1961 年落成。

1950 年代後期，市區樓宇向高空發展，殖民地時代的舊式樓宇陸續被拆卸。

1956 年初，在渣甸望台（渣甸山）開闢之多條新街道兩旁，已落成 50 座高級住宅別墅。

1957 年，地產商開始發展銅鑼灣記利佐治街及百德新街，另一部分渣甸倉，以及卜內門等危險品倉的地段，以興建銅鑼灣大廈、唐寧大廈、華爾大廈、海德大廈及華登大廈。1960 年末，日資大丸百貨公司在華登大廈開業。當時這些大廈每層樓宇的售價由二萬多至七萬餘港元不等。

同時，多座位於中半山、銅鑼灣及北角的住宅大廈，紛紛興建及預售。較著名的有半山的威勝大廈；銅鑼灣的鳳鳴大廈、軒尼詩大廈、希雲大廈；北角的璇宮大廈、麗都大廈等。

在九龍區，則有美麗都大廈、文遜大廈、由平安戲院改建的平安大廈，以及由彌敦戲院改建的新興大廈等。還有上海街與佐敦道之間，在原煤氣廠地段興建的統一大廈和保文大廈等若干座。

當中較大規模者，是位於土瓜灣馬頭角道與土瓜灣道煤氣廠旁，在已被拆卸的南洋紗廠及怡生紗廠地盤上開闢包括龍圖街至明倫街等十多條新街道兩旁，所興建的多座住宅樓宇。

1961 年，政府開始平整美利操場以興建希爾頓酒店，於 1962 年落成（所在現為長江中心）。

同年 1 月 27 日，遮打道香港會所東鄰的地段拍賣，成交價格為 500 萬港元，地皮每呎 800 港元。該地段興建了壽德隆大廈。

置業商人着意發展北角半山的天后廟道，以及雲景道一帶，興建多幢高級住宅樓宇。

以下為 1961 年某些地區的地價：

地區	每呎地價（港元）
中環銀行區	800-1,000
銅鑼灣	500-600
尖沙咀旅遊區	700
旺角彌敦道	700-800

　　1960 年代初，已平整完成的觀塘工業區內有一幢商業中心，並有位於月華街的三個住宅區。

　　1966 年，荔枝角原油庫的地段開始發展為住宅區「美孚新邨」，11 月 17 日由港督戴麟趾（Sir David Clive Crosbie Trench）主持奠基禮。

　　1968 年，荔枝角美孚新邨及筲箕灣太安樓首期開始入伙。

　　1969 年 11 月 28 日，曾舉辦多屆工展會的尖沙咀地王拍賣，由美財團以 1 億 3,000 萬港元投得，1973 年於其上建成喜來登酒店。

▶ 上圖：約 1973 年的尖沙咀。海運大廈旁部分九龍倉被拆平以建海洋中心。右中部的藍煙囪碼頭及貨倉亦拆卸改建為新世界中心。其背後正進行填海以闢「尖東」商業區，鄰近紅磡黃埔船塢旁的大環山亦被夷平。左上方亦可見夷平何文田的山段以興建愛民邨廉租屋。

▶ 下圖：油麻地渡船角，約 1973 年。由 1960 年代中，在原九龍倉棉花倉原址興建的「八文大廈」已全部落成。右下方為佐敦道碼頭及巴士總站，前端的海面於 1990 年代中進行填海，闢成「西九」的地段。左上方的何文田區正在夷山，部分地段興建「愛民邨」。

◀ 1992 年，「三不管」的九龍寨城開始清拆，東頭村道上，居民遷走的情景。數年後，在此闢成九龍寨城公園。

◀ 約 1978 年的沙田城門河兩岸。正中是禾輋
邨，左方是瀝源邨，右下方將建沙田運動
場。前方正在築建大涌橋路。

▶ 約 1985 年的跑馬地及銅鑼灣，可見新式高
樓大廈林立。

◀ 約 1993 年，中環、尖沙咀及紅磡，滿佈高
樓大廈的景象。

▶ 約 1986 年的銅鑼灣和天后區。右上方原裁
判署的地段，正興建屋苑「柏景臺」。右下
方巴士總站的左端，後來興建中央圖書館。

第四章 樓房建設

由 1860 年代起，富有的華商大舉購買洋商的樓宇和貨倉，改建為中式樓宇，導致地價及樓價屢創高峰。

1881 年，泡沫爆破，但華商及洋商購地建樓的熱潮，百多年來一直持續。

1884 年，地標式建築物水警總部，於尖沙咀小山崗上落成。一年後，一座現時仍運作的時球台建成於其前方。

1886 年，「香港碼頭貨倉有限公司」（九龍倉）的貨倉羣及五座碼頭，在水警總部前面落成營業。在港島西區也建有三座分倉。

同年，宏偉及亮麗的第二代滙豐銀行總行大樓落成。同期落成的還有下亞厘畢道的牛奶公司（藝穗會），但最高者則為 1891 年落成，位於德輔道中與畢打街之間的「香港大酒店」，樓高六層。

◀ 皇后大道中 100 號，中環街市斜對面的「雪鐵龍酒店」，其西鄰為 104 號著名的華真影樓。可見一移送棺木的殯儀喪棚，約 1900 年。酒店後來依次改作馬玉山及高陞茶樓。

▶ 上圖：中西區填海完成後的德輔道中，約 1898 年。左方為位於與畢打街交界，德輔道中 18 號的第一代渣甸（怡和）洋行，正中設有船公司及國際銀行的樓宇現時為德成大廈，其右旁是戲院里。

▶ 下圖：由永和街東望皇后大道中，約 1890 年。左方接近永吉街的一列樓宇，現為華僑永亨銀行所在。右方為 176 號的五號警署和水車館。

　　1889 年，「香港置地及代理有限公司」成立，在德輔
道中以及同年開始填海獲致的新填地上，興建包括亞力山
打行、皇后行、皇帝行等多座設有電梯的新式辦公大樓。

　　1895 年，中環街市重建成大理石及紅磚式建築物。
同樣形式的樓宇，還有 1906 年建成的北便上環街市（現
西港城）和半山的「病理檢驗所」（現香港醫學博物館）、
1911 年的第三代郵政總局（現環球大廈），以及 1912 年
重建落成的南便上環街市。

　　同時期但與上述建築物風格不同的，則有 1906 年
落成位於林士街與干諾道中交界的船政署（海事處），及
1912 年的第三代高等法院（現終審法院）。

◀ 約 1890 年的皇后大道中。左方為位於 1
號、落成於 1886 年的第二代滙豐銀行,右
方為地下約有十間商店,落成於 1870 年代
的第一代柏拱行(拱北行),所在現為長江
中心。

▶ 落成於 1892 年,位於西營盤第四街(高街)
的國家醫院之醫護人員宿舍,1939 年被改
作女精神病院,此圖約攝於 1900 年。前方
為國家醫院的範圍,於 1930 年代後期改
作英皇佐治五世公園,精神病院的建築於
2001 年改建為「西營盤社區綜合大樓」。

　　1910年，在灣仔第一代軍器廠街與皇后大道東交界，有一間日本商店「大佛洋行」，櫥窗陳列一尊金色巨大佛像，一般人描述該地段時，皆會說「大佛附近」或「大佛前一個街口」等，該一帶因而被稱為「大佛口」。

　　為防疫症再度發生，當局於二十世紀初在各區建成多座包括位於地底的公廁及浴室。第一、二座附設浴室的公廁，分別位於灣仔和上環太平山區；另有兩座位於灣仔交加里及西邊街，則落成於1925年。

◀ 二十世紀初，九龍城區衙前圍的正門。門
楣上端可見「慶有餘」三字。（圖片由蕭險
峰先生提供）

▶ 九龍寨城內的敬惜字紙亭，約 1910 年。
（圖片由蕭險峰先生提供）

此外，有多座建於港島中西區的地下公廁，依次為：花園道與皇后大道中交界（現長江中心所在，落成於 1902 年）、皇后大道西國家醫院「雀仔橋」堤道地底（落成於 1911 年）、皇仁書院旁的鴨巴甸街（男廁，落成於 1913 年）、士丹頓街（女廁，落成於 1913 年）、威靈頓街與皇后大道中交界（男廁，唯一現仍開放者，落成於 1913 年）、德己立街與和安里交界（落成於 1914 年）、砵典乍街與皇后大道中交界（落成於 1914 年）。

1910 年代的著名建築，有油麻地果欄（落成於 1913 年）、亞畢諾道中央裁判署（落成於 1914 年）、九廣鐵路總站大樓連鐘樓（落成於 1916 年）以及荷李活道中央警署新翼（落成於 1919 年）。

1920 年代落成的著名政府建築，有油麻地新警署（落成於 1922 年）、皇后碼頭和九龍醫院（均落成於 1925 年），以及滅火局（消防局）大廈（落成於 1926 年）。

著名的商業樓宇，則有落成於 1922 年德輔道中的爹核行，該大廈的地舖曾為臨時滅火局及惠康超市，1966 年改建為永安集團大廈。另外，還有同落成於 1924 年的華人行、畢打行、德輔道中的鐵行大廈及廣東銀行大廈。

1925 年及 1926 年，尖沙咀的青年會及半島酒店依次落成。

1927 年，政府撥出掃桿埔球場對開之地段，供興建東華東院，於 1929 年落成。

1926 年 1 月 1 日的海旁干諾道中。左方為 1 號的太古洋行，右方最高的是鐵行大廈。當時，位於德輔道中與畢打街交界的「香港大酒店」發生大火，大量濃煙瀰漫天際。

1911 年，慶祝英皇喬治五世加冕巡遊，舞龍隊伍正經過德輔道中。左方的第一代大會堂現為舊中國銀行大廈，右方為即將建築完竣的高等法院，正中為第一代太子行。

◀ 約 1935 年由干諾道中望畢打街。右方是
郵政總局，左方是由萬順酒店變身的於仁
行，所在現為遮打大廈。正中為由被焚的
「香港大酒店」於 1931 年改建落成，被稱
為「大鐘樓」的告羅士打行及酒店。左下方
干諾公爵銅像旁是昌興輪船公司。

▶ 由西半山望上環一帶的華人唐樓羣，約
1935 年。左方最高者是摩利臣街的皇后酒
店，其左方的上環街市，現時為「西港城」。

　　1931 年，政府撥出銅鑼灣禮頓道地段，供位於上環新街的保良局遷建，1934 年建成。東華醫院亦同於 1934 年重建落成。

　　1932 年，第一代大會堂拆卸，一半地段供滙豐銀行重建。

　　1930 年代，多座特色建築物於中區出現，令人一新耳目，包括由香港大酒店改建的告羅士打行，和由第一代香港會所及比照戲院改建的娛樂戲院（同落成於 1931 年）、中華百貨公司（落成於 1932 年）、重建的東亞銀行及滙豐銀行（落成於 1935 年）。樓高 217 尺、共 14 層的第三代滙豐新廈，為當時遠東最高的建築物。同年落成的還有置地公司位於皇后大道中的公主行。

▲ 由西港城望德輔道中，約 1948 年。左方的華
人旅店羣的地舖，可見陸海通飯店及太平館
餐廳。

▼ 剛建築完成的舊中國銀行大廈，約 1951 年。
與左方滙豐銀行之間的獲利街，約於 1970 年
易名為銀行街。

1934 年 5 月 14 日，石塘咀煤氣鼓爆炸，晉成街與加倫台上的數十座樓宇被焚毀。事後，當局在馬頭角建成三座煤氣鼓，把石塘咀及佐敦道煤氣鼓的煤氣貯存於馬頭角新鼓內。

1941 年，皇后大道中的陸佑行落成，位於現萬宜大廈所在的中華書局，亦同時遷往上址。

淪陷時期，滙豐銀行被改作「香港佔領地總督部」、告羅士打行改名為「松原大廈」、半島酒店改名為「東亞酒店」、位於北角的商務印書館則被改為「豐國印刷工場」。

1947 年，中國銀行以 370 多萬港元「天價」，投得舊大會堂一半地段，於 1951 年建成新銀行大廈。

1948 年，公主行東鄰的勝斯酒店，以及國華商業銀行拆卸，改建為公爵行，於 1950 年落成，「香港證券交易行」位於其頂層。

1952 年，亞力山打行改建成歷山大廈，其毗鄰位於雪廠街的中天行及思豪酒店，稍後亦拆卸併入其中。

同年 12 月，港府以 285 萬港元，購入炮台里 1 號的「法國傳教會」大廈，用作教育司署。俟後，該建築物用作維多利亞地方法院、高等法院以及終審法院。

1955 年中，港九高逾十層的樓宇共有 55 幢。同年 12 月，政府放寬樓宇高度限制，最高可達 100 尺或 26 層。

曾遭 1934 年煤氣鼓爆炸波及的石塘咀山道、保德街及加倫台一帶，於 1957 年 8 月仍維持已實行數十年呼籲居民防火防盜的「打更報時」古風。更伕由午夜一時起，每小時巡經上述街道一次，以及打更報時一次，直至天光之前為止，由街坊集資解決更伕食宿。曾有一年近 70 之更伕，因無依據《打更註冊條例》規定往註冊而被檢控，因初犯被判警誡了事，更鼓發還。

1955 年，皇后大道中、德輔道中、砵典乍街、德輔道中及中國街（萬宜里）之間，共計有 42 座舊樓被拆卸，於 1957 年建成設有香港首批扶手電梯的萬宜大廈。由當時起，各心臟區的舊式木結構住宅，大部分被改建為摩天商業大廈。同時，瑞興公司亦被改建為設有「月宮酒樓夜總會」的李寶椿大樓，於 1958 年落成。

1950 年代中起，新型大廈紛紛建成，包括干諾道中的中總大廈及馮氏大廈；德輔道中的渣打銀行、怡和大廈、德成大廈及永安銀行大廈，還有皇后大道中的大廈行、亞細亞行、中建大廈、興瑋大廈和余道生行等。

◀ 1967 年的遮打道與德輔道中交界。右方為於仁大廈，正中是郵政總局，左方是怡和大廈及現時唯一仍存在的德成大廈。

▶ 由皇后像廣場望干諾道中，1967 年舉辦「香港週」期間，可見包括鐵行（左）、聯邦（中，現永安集團）及國際（右，現中保集團）等多幢新大廈。

九龍區則有彌敦道的馬可勃羅酒店、文遜大廈、普慶戲院、瓊華酒樓和邵氏大廈等。

踏入 1960 年代，港九各區有更多由舊樓改建成的新型摩天商業大廈。位於中環銀行區的有於仁大廈、希爾頓酒店、文華酒店、太子行、廣東銀行和聖佐治行，當中最引人注目者是大會堂。

畢打街以西的有：新皇后戲院所在的陸海通大廈、娛樂戲院大廈、萬年大廈、萬邦行、龍子行大廈，以及大華國貨公司所在的僑商大廈等。

德輔道中則有：安樂園大廈、由爹核行改建的聯邦（永安集團）大廈、恒生銀行大廈（現為盈置大廈），以及由南屏酒店改建成的國際（中保集團）大廈等。

其他具特色的，還有司徒拔道的友邦大廈、海運大廈；旺角滙豐銀行新大廈，以及在其左鄰、頂樓有旋轉餐廳的胡社生行等。

◀ 由機利士南路望紅磡，約 1969 年。左方為必嘉街，右方為
蕪湖街，後方漆咸道背後為山谷邨，右上方可見樂都戲院，
後來為歐化傢俬。（圖片由吳貴龍先生提供）

▶ 紅磡漆咸道（前方），約 1969 年。可見由左至右包括蕪湖
街、寶其利街、曲街及必嘉街上多幢較為新型的樓宇。（圖
片由吳貴龍先生提供）

1970 年代，香港的發展步伐加快，更多新型大廈如雨後春筍般於港九各區出現。較為矚目者，有位於中區新填地「地王」，當時亞洲最高的康樂（怡和）大廈；在畢打街舊郵政總局地盤上興建的環球大廈；金鐘區的和記大廈、金門大廈（美國銀行中心）；銅鑼灣的怡東酒店和世界貿易中心等。

九龍區則有由九龍倉改建，一系列包括海洋中心等的海港城建築羣、喜來登酒店，以及由太古倉和藍煙囪碼頭，於 1970 年代末改建成的新世界中心和麗晶（洲際）酒店等。

同期落成的，還有位於尖沙咀東部的多座商住樓宇和酒店。這區璀璨耀目之聖誕和新年燈飾，每年皆吸引大量市民觀賞。

▲ 1971年的中環。始於1963年的填海工程已告完成，新填海的地段上正興建康樂（怡和）
大廈，其右方（現交易廣場所在）亦建成巴士總站。在中部可見即將落成的富麗華酒店。

◀ 跑馬地樂活道與雲地利道交界，約 1970 年。右方為聖
保祿中學，左方的古典建築稍後改建為雲暉大廈。

▲ 1985 年的德輔道中銀行區。左方為即將重建落成的滙
豐新總行，右方的渣打及廣東銀行大廈亦即將重建。
（圖片由何其銳先生提供）

▶ 皇后大道中 9 號與雪廠街交界的「荷蘭行」，1985 年。
兩三年後，荷蘭行連同右方 7 號的有利銀行大廈，以及
其左、後方的球義大廈，連同廣東銀行大廈，改建為皇
后大道中 9 號的嘉軒廣場。（圖片由何其銳先生提供）

▲ 灣仔告士打道，介乎菲林明道與柯布連道的一段，1986 年。這一列落成於 1930 年代初的四層高，天台相連的「石屎」（三合土）樓，稍後被改建為「大新金融中心」。

▼ 正在進行部分改建，以配合興建登山電梯的中環街市，1992 年。

▶ 約 1995 年的中環，地盤正在興建中環機鐵站及國際金融中心「第一期」。（圖片由何其銳先生提供）

第五章 街道

1878 年 12 月 25 日晚上，中環興隆街一間歐人雜貨店，失火燃着大量所儲之火油，造成大火，波及鄰近的包括皇后大道中、同文街、永安街、機利文街。大火再跨越皇后大道中，經嘉咸街燒至士丹利街、高基里、威靈頓街、倫核士街（擺花街），以至士丹頓街及結志街等多條大街小巷。火勢之猛烈，幾乎燒至中央警署及域多利監獄，當局將犯人移往軍營羈押。這場大火焚毀共 360 多間屋宇，數人死亡。

這一帶街道的樓宇，華洋雜處，華人擁有此帶的不少物業，而籍其雄厚財力，陸續收購，迄至 1881 年地產泡沫爆破，才暫告停止。

1875 年，政府開闢第二條由中環至灣仔的堅尼地道，被稱為「二馬路」，於 1880 年代初落成。

1882 年，當局築建大潭水塘，在港島東的山腰地帶開闢一小路舖設水管，這條小路於一年後闢成被稱為「三馬路」的寶雲道。

同年，當局擴闊後來為德輔道中的海旁中。為配合馬車在此新路行走，當局拆卸中環街市兩旁包括第一代「鐵行輪船公司」的多座樓宇，以開闢域多利皇后街及租庇利街，慶祝維多利亞女皇登位 50 週年。新街道旁有一條鐵行里。

十年後，再開闢一條由堅尼地城至香港仔的域多利道，慶祝女皇登位 60 週年鑽禧，於 1903 年落成啟用。

▲ 1870 年代的中環，正中是皇后大道中，前
　方是雪廠街，左下方是落成於 1845 年的雪
　廠。正中有鐘塔的是畢打街。左上方的雙
　塔建築是位於威靈頓街與砵典乍街交界的
　聖母無原罪堂。

◄ 上：尖沙咀羅便臣道（1909 年改名為彌敦道），右方為金馬倫道，左方為威非路軍營（現九龍公園），約 1895 年。當年這一帶晚上，只有稀疏的煤油燈照明，被形容為「恍如鬼域」。

◄ 下：由下亞厘畢道牛奶公司（藝穗會）下望雲咸街，約 1895 年。右方為位於安慶台上端，一座名為「孖旗杆」，相傳為鴉片煙倉的建築物，其左方與安蘭街間為德國會所。正中的樹後為現為華人行所在的郵政總局。

▶ 上：中央警署前的英、印及華警，約 1890 年。右後方為士丹頓街與奧卑利街交界的第一代監獄。右方曾有一宣惠里，於 1919 年宣惠里與荷李活道的樓宇，改建為中央警署新翼。

▶ 下：彌敦道與金馬倫道交界，約 1965 年，右方的電話大廈於 1980 年代初改建為滙豐大廈。

▲ 九龍城區的九龍城大街,約 1900 年。(圖片
由蕭險峰先生提供)

▼ 由立德里前北望摩理臣山道,約 1910 年。左
方為尚未夷平的摩理臣山,右方的樓宇所在現
時為愉景樓。

以下為 1880 至 1890 年代，中西區及東區部分街道的變遷：

新闢的街道		易名的街道	
中環	• 域多利皇后街 • 租庇利街 • 鐵行里及維新里（兩者皆位於租庇利街旁） • 樂慶里（砵典乍街上端） • 澳華碧士葛（Overbeck's Court，卑利街旁） • 聖贊士道（St. John's Path，在下亞厘畢道） • 雍仁街（又名美臣街[Mason's Lane]，由雲咸街至泄蘭街） • 同勝里（威靈頓街旁） • 羅便臣上道（羅便臣道至列治文台） • 懷德里（蘭桂坊至威靈頓街） • 任安里（荷李活道旁）	中環	• 鴨巴甸里改為光漢台 • 亞厘山打街（Alexandra Terrace）改為列拿士地台（Rednaxela Terrace） • 興隆街的英文名改為 Endicott Lane • 海傍中約（或寶靈海傍中）改為德輔道中
上環	• 洪慶里（差館上街旁） • 告昌街（水池巷旁） • 郭松里（城隍街旁） • 郭松里西（西營盤鹹魚街旁） • 左時里西（必列者士街至水池巷） • 平安里（荷李活道旁） • 源和里（荷李活道旁）	上環	• 荷李活道（下端）改為普些順街（Possession Street，水坑口街） • 鋤斷山街（水坑口街至皇后大道西的街道）併入荷李活道 • 摩羅上徑、下徑改為摩羅上街、下街
西區	• 志揚街（第一、二街之間） • 興隆里東、西（德輔道西旁） • 兩儀坊（第三街至高街） • 五福里（東邊街與皇后大道西之間） • 列治門上道、下道（羅便臣道西端） • 西慶里（第一、二街之間） • 紫桐巷（第一街旁） • 源福里（第二、三街之間）、源勝里（第二、三街間） • 懷龍里（第二街旁） • 花園街（般咸道至石塘咀皇后大道西） • 花園巷（花園街旁） • 石棧巷（石塘咀皇后大道西至德輔道西） • 必治街（堅尼地城海旁 25 號旁） • 山市街 • 鐵匠街（Smithfield Street，現士美非路）	西區	• 海傍西約改為德輔道西 • 炮台道（由薄扶林道至屈地街）及中街（由屈地街至卑路乍街）改為延長的皇后大道西
		消失的街道	
		中環	• 士吉街（Scott Lane，皇后大道中至德輔道中）
東區	• 寶雲道 • 朝曾里（皇后大道東 197 號旁） • 堅尼地道 • 鋤斷山街（又名「掘斷龍」，海軍醫院前的皇后大道東） • 石巷（皇后大道東 136 號旁）	上環	• 明德里（街市街旁，後來易名為普慶坊巷旁） • 禪臣街（普仁街旁） • 瑞興里（堅道對下） • 石匠里（荷李活道旁） • 剉皮巷（街市街至水池巷） • 同樂里（太平山街石級旁） • 雍和里（磅巷與太平山街之間） • 央樂里（差館上街旁） • 左時里東（樓梯街旁） • 左時里西（必列者士街至水池巷之間） • 同和東街（石塘咀中街旁）
		東區	• 長庚里（皇后大道東旁） • 掃桿埔市街（後易名為渣甸街）

二十世紀初，港島區街道變遷如下：

易名的街道	• 必之厘台（Pechili Terrace）改為太子台（Prince's Terrace） • 倫核士街改為擺花街 • 永安里改為永安街 • 永吉里改為永吉街 • 街市街改為普慶坊
消失的街道	• 宣惠里（因興建中央警署新翼而消失） • 六間（衛城道旁） • 伊利近台（些利街至堅道，後併入伊利近街） • 孖旗杆（下亞厘畢道至雲咸街的畢打山地段，現為四寶大廈所在） • 同和里（閣麟街旁）

1880 年代至二十世紀初，東區部分街道演變如下：

1890 年代，皇后大道東（金鐘道）的部分，仍有洋貨街（Canton Bazaar，早期名為「廣州市場」，1841 年設於現中環街市對面），及金些厘巷（Commissariat Lane），兩者皆於二十世紀初消失。1890 年前該一帶還有一條名為啟明里（Kai Ming Lane）；蟠龍里（Broom Lane）則約於 1970 年消失。位於皇后大道西的，有西富里。

至於在禮頓山腳，則有必列者街（Bridge Street）和禮頓山道，過了勿地臣街則為筲箕灣道。由二十世紀初起，禮頓山道改為延長了的黃泥涌道，必列者街及部分筲箕灣道改為禮頓道，而筲箕灣道餘下部分則改為銅鑼灣道、電氣道、英皇道及筲箕灣道。

▲ 1912 年的皇后像寶亭，以及剛落成的高等
法院。寶亭所在是遮打道的正中，而皇后像
廣場的正中，早期有一條第一代的獲利街。

東角一帶則有：鑄錢局街（Royal Mint Street），又名東角街（East Point Street）、鄉下街（Village Street）、威林王街（King William Street）及王街（King Street）。四條街道同位於由加寧街至邊寧頓街及渣甸街一帶。

1903 年，由薄扶林水龍（水管，Conduit）徑擴建，位於港島半山的「薄扶林水龍道」落成，後來依次易名為干讀道，以及干德道。

英國人租借新界後，於 1899 年開始興建大埔道（公路），於 1912 年 12 月完成，當時只為一條泥路。

1904 年，由羅便臣道至京士柏的加士居道落成。

1905 年，港督彌敦（Sir Matthew Nathan）提議興建九廣鐵路，工程隨即展開，先在尖沙咀填海以開闢梳士巴利道，以及建車站和路軌。

1907 年，當局將九龍城道及連接之西貢道延長至海關坳（牛池灣的清水灣道口一帶）。

早於 1905 年，港督彌敦亦提議夷平位於羅便臣道、加士居道與公眾四方街（眾坊街）之間的一座山崗，工程於 1910 年代開展。

▲ 由昭隆街東望德輔道中，約 1920 年。左方為郵政總局及亞力山打行。正中的三層樓宇為廣東銀行，右中部仍可見香港大酒店（Hong Kong Hotel）的招牌。

▼ 由畢打街西望德輔道中，約 1924 年。右方為郵政總局，在方為惠羅百貨公司，其旁為戲院里。正中可見一輛正在「撬路」及轉移天線的電車，使其由「西行」改為「東行」。（圖片由吳貴龍先生提供）。

為免與港島街道名稱混淆，港府於 1909 年 3 月 19 日公佈，將多條九龍街道名稱更改，以下列出部分街道：

尖沙咀區	• 遮打街改為北京道 • 德輔道改為漆咸道 • 伊利近道改為海防道 • 東道改為河內道 • 花園道改為漢口道 • 麥當奴道改為廣東道 • 羅便臣道改為彌敦道
油麻地區	• 第一街改為甘肅街 • 第二街改為北海街 • 第三街改為西貢街 • 第四街改為寧波街 • 第五街改為南京街 • 第六街改為佐敦道 • 第七街改為雲南里 • 第八街改為寶靈街 • 堅尼地街改為吳松街 • 差館街改為上海街
旺角區	• 山街改為長沙街 • 水渠里改為山東里，稍後再改為山東街
大角咀區	• 高街改為牛莊街，後來再改為界限街之延伸部分 • 海旁改為重慶街，後來再改為界限街之延伸部分 • 差館街改為福州街，後來併入通州街
紅磡區	• 街市街改為蕪湖街 • 差館街改為大沽街

1909 年，九廣鐵路工程位於九龍與沙田之間的煙墩山隧道，於 5 月 1 日貫通。

九廣鐵路英段，於 1910 年 10 月 1 日通車。

▲ 下亞厘畢道與雪廠街交界，1928 年。正中為現外國記者俱樂部所在，左方為會督府。

▼ 約 1923 年一場颱風後的銅鑼灣渣甸坊。正中為渣甸山（利園山）上的牛場，兩旁怡和洋行屬下的樓宇，出租供用作機器廠、木廠、工場和住宅。現時，這一帶攤檔林立。利園山於 1950 年代中被夷平後，這一段開闢了啟超道。

1910 年代，當局開闢由深水埗至新界的青山道（公路）。1917 年，深水埗至荃灣的一段啟用。荃灣至青山（屯門）的一段於 1918 年後完成。

1915 年，開闢荔枝角道。

1922 年，由深水埗至九龍城的英皇子道（太子道）建成。

1926 年，彌敦道與加冕道的山崗終於夷平，兩條道路貫通後，加冕道易名彌敦道。

同年，經過填海和平整，有多條新街道在馬頭涌及土瓜灣區建成，包括馬頭圍道、馬頭涌道、宋王臺道、馬頭角道等，以及因在淪陷時期日軍「擴建機場」而消失的宋街、帝街、晨街、黃帝街、青龍街、古蹟街、玫（較）杯石道、聖地街及紀念街等。

▲ 於 1880 年代開始闢建港島的大潭水塘，此為大潭水塘道由石橋組成的一部分，約 1928 年。

▶ 約 1930 年的皇后大道中。右方滙豐銀行前有部分觀看英軍操演的市民。右上方為渣打銀行，左方炮台里下的圍牆現時仍無多大改變。

港島的天后區，由天后廟至油庫（木星街）之間，有一座山丘，山上有一座小型岳王廟。當時，電車是在電氣道行駛者。1935 年，當局開始夷平此山崗，岳王廟遷往電氣道，夷山開闢而成的新道路連同部分筲箕灣道，名為英皇道，設有雙軌電車路，於 1936 年 7 月 2 日通車。

1933 年，又建成天光道、農圃道、梨雲道（露明道）及水月宮道等。兩年後，再建成江西街、浙江街、落山道、貴州街及上鄉道等多條街道。

1934 年，包括順寧道、保安道、營盤街、東京街、興華街及昌華街等多條位於長沙灣區的新街道建成。

◀ 由畢打街卜公碼頭前西望「海皮」的干諾道中，約 1930 年。中間德忌利士街口的德忌利士船公司大樓，曾改為野村酒店。馬路正中有一座方便輪船搭客的公廁，公廁後砵典乍街口有一日本妓院清風樓及東京酒店，酒店後為滅火局（消防局）大廈。野村酒店於 1955 年改為中總大廈。

▶ 上：由堅道向下望鴨巴甸街，約 1930 年。大樹的右方早期有一鴨巴甸里，約於 1880 年易名為光漢台。中前方可見與士丹頓街交界，皇仁書院的圍牆。

▶ 下：由上環禧利街東望干諾道中，約 1930 年，可見一柴炭舖及「擔柴」工人。在上方有一座設於文華里永安公司前，與省港澳碼頭間的路中心公廁，這等公廁於 1950 年代後期，因阻塞交通而被拆除。

上：由皇后大道中上望德忌笠（德己立）街，約 1935 年。左方可見娛樂戲院前座進場處，右方為安樂園飲冰室分店（現興瑋大廈）。正中士丹利街口可見名服裝店及華芳（A. FONG）照相館。花檔後面為和安里、榮華里及蘭桂坊的入口。

下：約 1935 年的英皇子道（太子道）。右下方為嘉道理道，正中為聖德肋撒堂。

上：由荷李活道向下望西街，約 1930 年。當時已有不少攤販，正中可見南便上環街市的建築。

中：由德輔道中望機利文新街，約 1930 年。左方為雲泉茶居及一華新牙刷店，右方有一茶煙莊。左方的建築於 1950 年代中改建為瑞興公司新廈。

下：由皇后大道中上望鴨巴甸街，約 1938 年。這一帶有多間影樓和食肆。左方的瑞昌一直在此經營至 1970 年代初，右方的店舖樓上，曾依次為三多及太昌茶樓、襟江酒家和第二代蓮香茶樓。

和平後的 1951 年，當局開始蓋平或填閉位於下列道路正中之露天水渠，以改善交通，包括九龍區的界限街、亞皆老街、曲街、基利士路，以及港島區的成和道、東院道及高士威道等。同時，着手拆除兩座位於干諾道中路中心，接近德忌利士街以及文華里的尿廁。

　　1955 年，政府將大坑東之大水坑改為暗渠，使大坑東及大坑西的樓宇得以連接。而大水坑另一段，位於南昌街的明渠，要到 1980 年代才「棄明投暗」，蓋平為暗渠。1957 年，「棄明投暗」的街道還有豉油街、山東街、落山道、新山道，以及港島法國醫院前的銅鑼灣道。

　　1952 年，怡和洋行將銅鑼灣東角貨倉拆平出售，部分地段用作延長由波斯富街起的駱克道和謝斐道。

　　當時，在北角關成的新道路有堡壘街及和富道。

　　同年 11 月 8 日，當局闢建一條新道路通往何文田徙置區，為楠道的延伸，後經重整和擴闊，於 1966 年易名公主道。

　　1954 年 9 月 23 日，位於筲箕灣柴灣坳的一段香島道，擴闊工程完成，為本港最美麗的道路，約 1960 年改名為柴灣道。

　　1956 年 3 月 1 日起，由中環至石塘咀山道的皇后大道中及皇后大道西，由東西雙向行車，改為由東至西的單程行車路。

▲ 約 1940 年的灣仔告士打道，可見夏愨大樓及剛落成，位於正中的「中國艦隊會所」。其右方正開闢新軍器廠街及軒尼詩道，可見落成於 1936 年的循道衛理教堂。

▶ 德輔道中與同文街交界，約 1940 年。當時的同文街為著名的工業原料街。果檔後的店舖為日新鞋及同發五金所共用。有赤腳的市民及白衫黑褲的「媽姐」購買水果。

1947 年，當局開始闢建由牛池灣至牛頭角之間的觀塘道。1950 年代後期，再闢建牛頭角淘化大同廠房至觀塘的一段。

1960 年，包括海濱道、偉業街、鴻圖道及開源道等多條新街道，在觀塘新填地上開闢。

同年，在舊海軍船塢地段上，填海闢建夏慤道，工展會 1960 年底在此舉辦。

1966 年夏慤道行車天橋，以及公主道行車天橋啟用。

1967 年 11 月 14 日，港督戴麟趾主持獅子山隧道通車典禮。

1968 年 10 月 29 日，荔枝角大橋及連接的葵涌道啟用。

1969 年 1 月 1 日，油麻地火車站改名為旺角站。

為改善青山公路的擠塞，當局於 1974 年興築屯門公路，全部工程於 1980 年代中完成。

▲ 左：由莊士敦道望李節街，約為和平後的 1948 年。可見多間糧食、醬料及柴炭店。正中為位於皇后大道東 55 號 A 至 59 號的「中國安樂汽水廠」，所在現為東美中心。

▲ 右：位於山東街與彌敦道交界，在交通亭上指揮的警員，約 1965 年。右方的瓊華酒樓現為瓊華中心，左方的新雅酒樓現為雅蘭中心。

▶ 上：西灣河筲箕灣道，1954 年。正中為位於 38 至 40 號的永平百貨公司，多幢頗具特色的唐樓，其樓下還有涼茶舖、士多、酒莊和理髮店。左方為太富街。

▶ 中：由尖沙咀加拿分道南望加連威老道，約 1965 年。龍城大藥行現仍營業，正中的漆咸營所在現為香港歷史博物館。

▶ 下：由擺花街向下望閣麟街，約 1960 年。兩旁有不少米店和食肆，亦可見密麻麻的販檔。正中可見兼營「印字泥」（複印），位於 21 號的莫民心醫館。

▲　約 1995 年的灣仔。正興建會展新翼，其前方同時開闢博覽道東。

◀ 從高空鳥瞰灣仔區，2007 年。中前方為廈
門街，右方為喜帖街（利東街），左上方可
見修頓球場。

▶ 上：位於灣仔皇后大道東，胡忠大廈對面
的麥加力歌街，約 1970 年。十九世紀中，
這裏為一麥加力歌船廠所在，地段後來售
予華人。可見一傳統米店及「靠牆」的士多。

▶ 下：港島下亞厘畢道的會督府，約 1975
年。左方為港中分科醫院，右方牛奶公司
的建築現為藝穗會。

第六章 墳場與土地

1880 年代,當局在上環皇后大道西與文咸街交界進行道路工程時,發現骨殖。1950 年代,在渣甸望台(渣甸山)興建高尚住宅時,在地盤亦掘到骸骨,可見早期墓葬區遍佈港九各處。

最為人所知者,為東華醫院所在地段,亦原為墓地,其前面的普仁街,迄至 1869 年仍名為「墳墓街」。

1874 年 9 月 22 日一場猛烈風災後,東華醫院在薄扶林雞籠灣闢建「遭風義塚」,以安葬死難者。

1904 年,有一個疫症墳場設於長沙灣區。

1905 年,東華醫院將筲箕灣墳穴之骨殖,遷葬至掃桿埔。

1906 年 7 月,當局增撥雞籠灣義地一幅,作華人墳場,名為「菲士山墳場」。

1908 年,清淨局(又名潔淨局,市政局前身)宣佈,在掃桿埔開闢一個墳場;又擬在大英墳場(現香港墳場)內,劃出一個基督教墳場。該墳場不准燃香燭及燒炮仗。

1910 年,撫華道(華民政務司)宣佈將馬頭圍墳場之骨殖,遷往附近大石鼓墳場義山安葬。東華醫院在該處豎明界址。

▶ 上：位於薄扶林雞籠灣墳基區內的遭風義塚，是埋葬於 1874 年（甲戌）9 月 22 日晚上，至 23 日早上，一場猛烈風災中的罹難者，由東華醫院興建。1959 年，義塚被遷往和合石。義塚所在雞籠灣墳場附近一帶，於 1960 年代中興建廉租屋邨——華富邨。

▶ 下：新界區耕地上的村童，約 1900 年。這些土地於 1960 年代才積極發展。

▶ 約 1895 年的跑馬地區。左中部為堅拿道的寶靈頓糖廠。中前方有包括印度墳場、波斯墳場、大英墳場（香港墳場，又名紅毛墳場）以及天主教墳場的多座。

1911 年，當局將薄扶林華人墳場改作「耶教（基督教）華人墳場」，在此安葬即與葬於大英墳場無異。同年，清淨局議決在各大墳場內圈出一地段，用作華人永遠墳場。

　　1913 年，清淨局議決在何文田建西人墳場；又在馬頭角屠房支道中間，建華人墳場，名為「後背龍（靠背壟）墳場」；又在大石鼓墳場（九龍城道旁）內闢印人墳場。

　　1918 年，有名為「繼善緣」的團體於重陽節日往柴灣義塚致祭。

　　1922 年重陽節，往香港仔墳場掃墓人士頗多，香港仔街坊汽車公司之巴士，增至六架載客。墳場內名流吳理卿之墓花費六萬多港元，另一知名人士陳啟明之墓，只一石像亦花過萬港元，引來很多人參觀。

　　1927 年 8 月，當局計劃收回土瓜灣盲人院背後之華人墳場，該墳場乃貧若人士埋葬之所。

　　1936 年 3 月，當局在牛池灣之東設華人墳場，名為「新九龍第七墳場」，同時撤銷在「咸馬山」（Hammer Hill，斧山）設墳場的計劃。附近之鑽石山當時已有一個「新九龍八號墳場」。

　　1940 年，當局規定港九死者之遺體，均須安葬於牛池灣之第七墳場。其附近亦有一個位於九龍城的「曬魚石墳場」。

　　當時，港島區之政府墳場，有薄扶林雞籠灣的東西兩座，以及掃桿埔之咖啡園墳場。其後，當局在柴灣陸續增闢墳場。

　　1940 年 12 月，當局在和合石增闢墳場，而由 1941 年起，咖啡園墳場不准再埋葬。

　　和平後的 1947 年 9 月 1 日起，咖啡園、雞籠灣及部分柴灣墳場封閉，所有遺體只能葬於牛池灣七號墳場。

▲　雞籠灣墳基區，約 1925 年。

▼　新界區的梯田，約 1925 年。

▲ 約 1930 年的跑馬地及銅鑼灣，左下方
禮頓山一帶只有少數樓宇。右方的天后
山的山麓，於 1940 年代後期，為貧苦
大眾的寮屋區。

▶ 上：由尖沙咀柯士甸道望京士柏（中）
及何文田（右）一帶，1936 年。

▶ 下：約 1963 年的何文田寮屋區。

◀ 約 1988 年的九龍城區。左下方為基督教墳場，其背
  後為重建中的東頭邨。右方賈炳達道旁的土地正開
  闢賈炳達道公園。右下方部分現為「九龍城廣場」。

▶ 香港仔灣的住家艇，約 1965 年。背後為魚類批發市
  場及香港仔華人永遠墳場。

1950 年 7 月，紅磡坊眾向社會局申請，把即將落成之紅磡永別亭的「紅磡」二字刪去。「永別亭」位於漆咸道北之起點處，於 9 月 29 日行開門禮。1960 年代中易名為「紅磡公眾殯儀廳」，於興建海底隧道時被拆。

1950 年，為紅磡新厝房行開門禮的華民政務司杜德（Ronald Ruskin Todd）指出：「以生者之需要為重，死者之葬地為輕」。厝房是供已入殮的遺體，在未安葬前送往該處舉行奠祭。

1951 年 2 月 1 日，當局在粉嶺和合石，及羅湖沙嶺闢建之新墳場啟用。牛池灣之新九龍七號墳場亦於是日起封閉。

早前，由於屋荒及人口大增，政府放棄在港島、九龍及新九龍撥地闢建墳場之政策。同時，亦封閉多座位於港九市區，包括雞籠灣、掃桿埔及何文田的墳場。

和合石墳場於 1940 年開發，並計劃於當時啟用。可是在淪陷期間，日軍將連接墳場與鐵路幹線間之鐵軌移去，墳場大受摧殘。

1951 年 8 月 5 日，當局將位於平安村附近的部分柴灣墳場之半山地段，劃作木屋區，搭建木屋萬多間，此為柴灣徙置區之始。

1952 年，當局在掃桿埔包括部分原墳場之地段，興建政府大球場，於 1954 年落成。

俟後，不少墳場被改作住宅用途，最顯著者為何文田區。

第七章　寮屋與木屋區

　　開埠初期，部分居民在中、上環的士丹頓街、城隍街一帶，用竹、蓆、木材及泥蓋搭寮屋居住。一間城隍廟於 1843 年建成。至 1883 年，該區的寮屋被清拆以興建皇仁書院，而城隍廟則於必列者士街重建。

　　當時，亦有不少容納中下階層市民的寮屋及木屋，散佈於港島黃泥涌村、大坑村、筲箕灣，以及九龍何文田和土瓜灣等地。

　　1900 年，位於「新九龍」的深水埔、長沙灣及九龍塘區，也建有不少寮屋和村屋。

　　1925 年，有大量無牌寮屋散佈於石硤（砝）尾，其鄰近之九龍仔村，亦有不少寮屋，居住的大部分為耕夫及苦力。1930 年，政府收回九龍仔村，覓地興建模範村以安置村民。

▶ 約 1875 年的上環太平山區，滿佈密麻麻，被當局名為「咕喱館」的簡陋平房和寮屋。1883 年，位於新中央書院選址地段（現 PMQ 所在）的寮屋亦遷至此區。左下方為三年前落成的東華醫院，其左方的大型建築是昇平戲園，戲園對面是「百姓廟」的廣福義祠。廟的背後是後來易名為普義街的差館街，中右方兩幢白色的建築為重建於 1857 年的第一代中央警署（差館）。其背後，有一落成於 1844 年的太平山街市。1894 年疫症發生後，這區的屋宇大部分被清拆。

和平後的 1946 年，石硤尾村有木屋數十間。1948 年增至近 1,000 間，一年後，再增至 5,000 間，居民數萬。此外，亦有不少寮屋位於石硤尾附近，以及青山道的客家村（蘇屋村）。

1948 年，大量寮屋在皇仁書院（在書院興建之前，該處亦為寮屋區）的舊址蓋搭。當年 11 月末，200 多間寮屋被大火焚毀，災民千餘。書院附近的「卅間」（士丹頓街）、必列者士街，以至卜公花園，和醫院道「育才書舍」的運動場，皆有大量寮屋，部分亦遭遇大火。當局在筲箕灣、摩星嶺、京士柏及荔枝角闢新寮屋區以安置災民。

同時，有很多菜農在大坑山邊搭建木寮屋，並飼養豬隻，以至穢氣沖天。

1949 年 4 月 7 日，大角咀界限街與福全街之間工業區內的木寮屋工廠失火，約 200 間被焚毀。

同年 7 月 3 日，位於宋王臺聖山腳譚公道上的千多間木屋被清拆，居民往各處山頭覓地重建。

同年 12 月 5 日，蘇屋村大火，焚屋 750 間，兩人死亡。

1950 年 4 月 3 日起，當局着手取締蘇屋村及李屋村的木屋區。石硤尾村的西洋菜田被改作居住區，並在該處興建石屋出售。當時菜田一帶有萬多居民，設有一鄉公所。

同時，當局開闢「何文田新村」，以安置各區災民，供災民蓋搭寮屋居住。「善睦會」亦在此興建平民屋，由輔政司杜德剪綵。

▲ 約 1953 年的銅鑼灣，維園的填海工程即將
完成，正中可見皇仁書院的新校舍。右上
方為大坑山及天后廟山的木屋區。

　　同年 12 月，當局開始清拆銅鑼灣及北角之芽菜坑、中山坑、天后廟山、炮台山及名園山之寮屋，居民被遷往柴灣。當時，芽菜坑有養豬居民 200 戶。

　　1951 年 1 月 17 日，界限街火車橋附近的花墟直街木屋區大火，火場蔓延至林圃街、花墟一巷至三巷，和半山道。

　　同年 5 月 21 日，銅鑼灣天后廟道木屋區大火，毀屋 300 間，2,000 人失家園。

　　1951 年，當局清拆大坑道對下，浣紗街山坑一帶的木屋 300 多間，以及北角明園西街與英皇道之間的數百間木屋，居民皆被遷往柴灣坳。

　　同年 11 月 21 日晚上，九龍城區大火，包括東頭村在內的九條村落被焚，毀屋 2,000 間。約一萬名災民被遷往牛頭角，每戶可領地 12 方呎蓋搭新居。

◀ 銅鑼灣大坑區的平民樓宇，約 1958
年。右方可見天后廟山一帶的木屋。

▶ 約 1953 年天后廟山及芽菜坑一帶的
寮屋及菜田。

1952 年 1 月 20 日，石硤尾村發生大火。

同年 2 月 3 日，筲箕灣東大街背後山段之綠寶村，多間木屋被大火焚毀，災民被遷往富斗窟村。稍後，當局清拆綠寶村，同時亦清拆位於銅鑼灣永興街的木屋。

同年 4 月 20 日，九龍仔區大火，災場為「大坑口」大水坑之西端（即大坑西），毗鄰之石硤尾的千多間木屋亦被焚，災場的另一端接近警察球場，近萬人失家園。三個月後，「香港平民屋宇公司」在災場興建多間平民屋，月租 30 港元。

1952 年 11 月 15 日，紅磡山谷道山谷山大火，焚木屋 81 間。

同年 11 月 28 日，石硤尾村再度發生大火，毀屋 304 間，4,000 人失家園。當時災場範圍包括：石硤尾大街、窩仔上村、窩仔下村、壽山路、花墟村、沙梨圍，以及玉石山上之順風台、順景台、壽山里、壽崗里。還有白田村中約、九龍塘村和李鄭屋村。

1953 年 1 月 14 日，何文田木屋區大火，起火處為接近窩打老道山腰的「何文田新村」，居民奔往窩打老道逃生。

當年，九龍城區有過萬間被稱為「霸王屋」的寮屋，當局着手拆卸。「香港華人革新協會」曾建議將其合法化。

同年 2 月 24 日晚上，「三不管」地帶九龍寨城內之龍津路大火，東、西頭村的多間木屋遭焚，災民 4,000，火場面積共約 12 萬方呎。起火源頭為熟食店「小三元」，旋即波及龍津路及龍城街，以至西頭村第一街、第三街及龍城路。

▲ 東區半山的木寮屋羣，約 1962 年。大部分是用數枝幼木作支撐，可用「危如懸卵」來形容。

▼ 天后廟山及炮台山上的木屋區，約 1968 年。右中部可見吉列島及一艘英軍航母。

李鄭屋邨徙置區及背後的蘇屋邨廉租屋，約1965年。右下方廣利道旁當時仍為寮屋區。

寨城內煙格林立，狗肉檔與脫衣舞場比比皆是。在此表演的有「巴黎艷舞團」及「桃源洞艷舞團」等。火場內之脫衣舞院有龍宮、龍華、龍鳳及龍門等，起火時均正表演熱情艷舞，一眾觀眾正沉迷於裸身祖體之間。

發生大火一年後之九龍寨城寮屋區，多間地舖變身為賭館，舖前裝上光管，掛上黑布幔，部分有「內進銀牌」字樣。當中大部分為番攤、牌九及十三張檔。此外，娼妓充斥該區，春風一度只需1.5港元，是最平價的「人肉市場」。

針對這「無王管」、充滿「黃賭毒」架步的寨城，警方有一隊由十人組成的「龍城隊」，每日入內巡視數次，不時進行掃蕩。

同年7月7日，當局開始清拆大坑虎豹別墅附近之春暉台的大小木屋。

同年 8 月，遭遇大火的石硤尾村重建工程完成。新石硤尾村內，有包括茶樓、酒樓、糧食、洋雜和藥房等的大型店舖共 80 間。內設的大道由 10 尺改為 15 尺，可供滅火車通行，命名為「重建路」。村內設有防火會。

當時，石硤尾區的範圍包括：石硤尾村，上、下白田村，白田村中約，上、下窩仔村以及山邊菜地，共有商用和住宅寮屋 8,600 多間，人口約七萬。

同年 9 月 13 日，石硤尾村秋季里失火，焚毀寮屋 29 間。救火車停於白田村及窩仔村口的耀東街，災場旁為佛壽路。

同年 12 月 25 日，聖誕夜 9 時 25 分，石硤尾區發生大火，災場包括上、中、下白田村，石硤尾村，以及上、下窩仔村共六條村，災民近六萬。十天後，當局拆卸焚毀及殘存的木寮屋及石屋。災民在巴域街、耀東街、南昌街、北河街及石硤尾街兩旁，和附近的後巷，利用燒剩的木料及鐵皮等蓋搭寮屋居住。

寮屋區稍後伸延至深水埗、長沙灣、大角咀的多條街道，以至旺角的洗衣街和染布房街兩旁的騎樓底行人路，以及該地區的空地。

當局在寮屋區附近，以及青山道與大埔道交界原為各織造廠之「曬布地」上，搭建臨時公廁數十間；又在長沙灣道正中的草坪，蓋搭浴室六座。

到了 1954 年 2 月 11 日，災民登記共計 6,000 多戶，約 58,000 人。臨時寮屋區的街道上，共有臨時廁所 490 間、浴室 250 間；又在界限街食站旁設兩所臨時醫院，駐有兩名醫生及多名護士。

當局亦開始在災區建造多座兩層高屋宇，以安置災民，每戶月租約為 10 港元。

1954 年 3 月，在紅磡包括山谷山、觀音山、聖德山及大環山的四座小山崗上，共有 4,000 多間木寮屋，二萬多居民。他們多為黃埔船塢與及附近工廠的工人，稍後被遷往京士柏、東頭村、牛頭角及柴灣等地。到年末 12 月 29 日，蕪湖街觀音山背後之聖德山大火，毀木屋 500 多間。

當年，為徹底防火，當局在長沙灣新村、蘇屋村、老虎岩（樂富），以及港島天后廟山的各寮屋區內，拆去部分寮屋以開闢防火巷。被拆寮屋之居民皆被徙置。

同年 10 月，銅鑼灣山畔共有五個木屋區或寮屋區，分別為大坑（佔該區地段一半）、蓮花宮山、馬山（現勵德邨一帶）、天后廟山及芽菜坑，當局陸續將居民遷徙。

同年 11 月 21 日，青山道起點處與大埔道交界的「大埔道村」大火，焚毀寮屋 450 間，災民 4,000 多。

1955 年 1 月 5 日，九龍城嘉林邊道尾的「嘉林邊新村」發生大火，毀木屋 500 多間，約 2,000 災民獲民生書院暫時收容。

當年，有大量寮屋的何文田區，仍然與世隔絕，全無電話及郵筒，亦無巴士到該處。

當時每發生寮屋區大火，大量火災災民都在災區附近街頭，蓋搭木屋或紙皮屋居住，被稱為「街頭公寓」。

同年 9 月 27 日，長沙灣福華村大火，焚毀永康里約 100 間木屋。

一個月後，九龍塘花墟村大火，災場為花墟直街、山邊街及井邊街，毀屋 500 間，災民 6,000。

1955 年 11 月 7 日，老虎岩（樂富）大火，毀屋 300 間，災民 2,000 多。災場旁的侯王廟道（聯合道）上，有長城片場（現為樂富公園）、友僑片場（現為聯合道公園），還有若干間紗廠。

九天後的 11 月 16 日，老虎岩對上的「大師山」（現橫頭磡一帶）大火，毀屋 300 間。該區內包括：山頂街、上山街及落山街。

1956 年初，位於太子道尾端之大角咀福全街、楓樹街、松樹街、塘尾道和大角咀道之間，為一特殊區域，有過千間寮屋。當局其後予以拆遷，以建新樓。

同年 10 月 23 日，九龍仔大坑西木屋區，以及附近界限街「火車橋」旁的花墟村，再度大火。當時，當局在大坑道之畢拉山，新闢可容 2,000 人蓋搭寮屋之臨時木屋區。可是，這裏位於山段，需步行半小時才抵大坑道，亦無水喉供應食水，仿如居於沙漠。

直到 1957 年 10 月，仍有約 200 人居於已拆卸之「九如坊戲院」地盤之寮屋，後來當局將其遷徙以興建診療所。

1958 年 6 月，當局拆卸未遭 1953 年大火波及的部分石硤尾村寮屋，包括「石硤尾大街」的多間茶樓、米店、山貨及藥行等店舖，以闢建一條通往大坑東的道路。

1960 年 11 月，當局開始清拆何文田的木屋區，近萬居民受影響。

由當時起，港九各區的寮屋逐漸被清拆，大部分居民皆可「上樓」，遷入各徙置區（新區）的樓宇或廉租屋。原來的寮屋地區，如大坑山、渣甸山、天后廟山、寶馬山和何文田等，旋即變身高尚住宅區。

▲ 西灣河區成安街上端的寮屋區，1984 年。

▼ 約 1990 年，位於龍翔道兩旁的寮屋。左方為下元嶺，右方為大磡村，所在現為星河明居及荷李活廣場。正中為蒲崗村道旁的龍蟠苑及新光中心的大廈羣。

第八章 徙置區

　　香港最早的遷徙計劃始於 1840 年代初。開埠後的兩三年，政府將居於中環現閣麟街至士他花利街一帶的華人，遷往以太平山街為中心點的太平山區。

　　為興建第二代中央（皇仁）書院，當局亦於 1883 年將位於城隍街與士丹頓街之間的寮屋居民，遷往太平山區。

　　正式的徙置區則為開始於 1951 年的柴灣坳「平安村」。當局在該處蓋建整齊的木屋 400 多間，用作徙置港島東區多處寮屋的居民。同年，社會局副局長韋輝（James Tinker Wakefield）曾前往巡視。

　　1951 年，有 30 多萬人居於各區的木寮屋。當年當局已經清拆近二萬間木寮屋。第一道徙置令是遷拆慈幼中學對面的 600 多間木寮屋。

　　1952 年，柴灣的徙置區分別有位於香島道（柴灣道）的平安村，以及位於柴灣墳場旁的興華村，當時已設有水喉和電燈。

　　當局在「柴灣墳場辦事處」的辦公樓，再懸上「興華村辦事處」的招牌，即同一辦公樓內，一同處理「陰宅」和「陽宅」的事項。

▲　約 1962 年的石硤尾徙置區。左方可見兩幢建於初期，六層高的徙置大廈。

▼　長沙灣保安道前與東京街交界的李鄭屋邨漢基，以及七層徙置大廈，約 1963 年。

▲　石硤尾徙置區，約 1969 年。正中是南昌街，左中部聖方濟各堂的前方是石硤尾街。

同年 5 月，市政局鼓勵居民在劃定的徙置區內自力建設屋宇和商店。當時的徙置區分別有：何文田文華村、牛頭角復華村、柴灣興華村、京士柏治民村、荔枝角衛民村、摩星嶺公民村及嘉路連山正民村。以上徙置區內共有近 5,000 戶住宅和店舖。

　　此外，還有內設住宅供出售的教民村、生民村、安民村、保民村、樂民村、育民村、培民村及健民村等共 12 座，分佈於港九各區。當時住宅售價為：

　　270 呎售 3,000 港元；

　　230 呎售 2,200 港元；

　　195 呎售 1,600 港元。

　　1953 年 7 月 26 日，港督葛量洪（Sir Alexander William George Herder Grantham）巡視牛頭角徙置區，共有屋宇 277 間、商店 8 間、工廠 4 間、居民 1,346 名，但尚未有電力供應。

　　1954 年 1 月 26 日，首批在石硤尾六村災區重建的屋宇，在巴域街北舉行奠基儀式。該等屋宇為一層高，共有 90 座，每座可容 68 戶居民。同時，在災區闢成一條「石硤尾新村」，興建兩層高的平民屋。

　　同年 3 月 11 日，又建成六層高的「平民屋」（徙置大廈）八座，十天後再建成七座。當時「緊急徙置小組」建議，石硤尾及各區的徙置樓宇將全為六層高。

　　同時，部分石硤尾區的災民被遷往牛頭角、東頭村及京士柏區。

　　1954 年 5 月，石硤尾徙置區分有一層、兩層及六層高三種樓宇。同年，在窩仔村和白田村的山邊，亦興建三層高的徙置屋十餘座。

　　當局又修建由石硤尾村，至西洋菜地（西洋菜里一帶）之石硤尾村大街，以及在附近九龍仔大坑西至界限街之間，闢築一條「大坑東道」。同時，在大坑東興建六層高徙置大廈，後來改為七層。

▲　在徙置區攤檔購買食物及日用品的居民，約 1969 年。

同年 10 月，石硤尾已建成的徙置大廈，是供石硤尾及九龍仔區大火災民入住。

同年年底，政府決定在東京街、發祥街與順寧道之間，上李屋及李鄭屋村一帶，興建 13 座徙置大廈，與石硤尾者相同，不過由六層改為七層。落成後可容 3,000 多人，定名為李鄭屋村。大廈的天台均設遊樂場。

1955 年 2 月 9 日，當局收回上李屋地段，着手興建七層徙置大廈，第一座於同年 4 月落成。

同時，九龍仔大坑東亦建成七層高徙置大廈八座，可容二萬多人。

當時，位於港島的徙置區計有：柴灣、富斗窟、健康村、掃桿埔及摩星嶺。至於九龍則有：牛頭角、竹園、東頭村、鑽石山、京士柏、大坑西、大坑東、李鄭屋、石硤尾、荔枝角及荃灣。

同年 5 月底，石硤尾開始拆卸所有兩層高的臨時平民屋，以改建徙置大廈，居民則遷往大坑東及李鄭屋的新徙置大廈。

當局同時決定，將新建的徙置大廈劃一為七層高，每幢大廈約有單位 600 個，每個 120 呎，有自來水、公共水廁及天台遊樂場。

政府因要發展觀塘為工業區，又在牛頭角的山腰建成多列平民屋，以安置居於觀塘木屋區的內地難民。此外，又開始清拆九龍塘模範村的木屋。

同年 8 月 10 日，李鄭屋村開山建徙置大廈之際，發現一個漢代古墓。個多月後，在香港大學馮平山博物館展出在漢墓出土之陶器及銅器。

1956 年 11 月，當局又在黃大仙及老虎岩（樂富）興建七層高徙置大廈。當時，已有 68 間學校，在各區徙置大廈的天台開辦。

同時，位於竹園村的第一座徙置大廈落成。

1958 年 6 月，政府着手在觀塘興建 26 座徙置大廈，可容五萬多人；又在香島道（柴灣道）外之新填地興建兩座徙置大廈，以及一座五層高工廠大廈。

1961 年，當局開始在橫頭坑（橫頭磡）開闢徙置區。

當時的徙置區計有：黃大仙、佐敦谷、東頭村、觀塘、長沙灣、李鄭屋村、石硤尾、大窩口及柴灣等處，有約 100 座徙置大廈正在同時興建。

當局亦計劃將調景嶺改為徙置區，遭居民反對，實行罷市及罷課抗議。

1963 年，當局着力發展柴灣，大規模夷山以闢地興建可容近 28,000 人的徙置大廈；另亦興建多座工廠大廈，以安置設於寮屋區的小型工廠。

1965 年，當局建造稱為「三型」（8 層高），以及「四型」（16 層高）的新式徙置大廈，以取代早期的七層高（H型）者。每單位 129 呎，當時月租為 31.5 港元；地舖單位 240 呎，月租由 80 至 200 港元。

同年 8 月，港督戴麟趾主持全港最大的慈雲山徙置區之啟用典禮，該區建有多座新型徙置大廈，共可容 12 萬多人。

到 1967 年，已有 100 萬人獲得徙置。

1969 年，港九新界共有 23 個徙置區。同時，徙置區易名為「新區」。年底，第 500 座「新區」大廈在鹹田（藍田）落成。到 1973 年 5 月 27 日，當局再將「新區」易名為「乙類屋邨」。

▲ 位於橫頭磡與樂富新區間的街市（右下方），約 1980 年。

▶ 橫頭磡及「老虎岩」（1974 年易名為「樂富」）徙置區，約 1965 年。

▲　從另一角度望慈雲山新區，約 1974 年。左上方是沙田坳邨廉租屋。

◄　上：慈雲山新區，約 1974 年。左上方可見正進行填海的九龍灣，其前
　　方是彩虹邨，右上方可見黃大仙新區。

◄　中：約 1973 年，沙田坳道旁的黃大仙下邨。

◄　下：正在清拆位於大窩口的七層徙置大廈，約 1980 年。

第九章 平民屋與廉租屋

1952 年，有一間由知名人士周錫年醫生等組成之「香港平民屋宇有限公司」，建造平民屋宇售予徙置區居民。當年已建成 500 多間。同年 5 月 3 日，大坑東發生大火，該公司在廢址上以及九龍塘和東頭村，興建多間平民屋。

當年，還有由何明華會督 (Ronald Owen Hall) 與數位慈善家於 1948 年組成的「香港房屋協會」，在上白田村興建平民屋。

當時，亦有一個「香港模範屋宇會」，在北角興建平民屋數百幢。

1952 年中、後期，已有由私人興建的平民屋 300 多間，於荔枝角衛民村，和深水埗順寧道、東安街與青山道交界落成。此外，還有四幢平民樓宇於上李屋地段建成，後者共提供 270 多個單位供租售。

▲ 在租庇利街與中環街市（左方）前，西望德輔道中，約 1928 年。左方有「大減價」布招的是大觀酒店，右方為落成於 1926 年的滅火局大廈。其西端是「第一茶樓」，這一帶的四層唐樓，大多建於 1903 年，樓上有不少為民居。

▼ 左：由上環半山向東望中環一帶的平民屋宇，約 1895 年。右中部可見一幢位處擺花街與荷李活道交界的唐樓，其背後為同年重建落成，第三代中環街市的塔樓。

▼ 右：在中環街市前西望皇后大道中，約 1900 年。多幢建築於十九世紀中後期的唐樓。其二、三樓除部分供商用外，大部分為民居。

▲ 在港島近郊蓋搭的平民寮屋和居民，約 1900 年。

▶ 上：由甘肅街望油麻地新填地街，約 1918 年。右
　方為街市，背後為一東海酒樓。這些三層高的平民
　樓宇，大部分建於二十世紀初期。

▶ 下：由旺角道向南望上海街，約 1922 年。正中為
　亞皆老街一帶。左方的部分樓宇現仍留存。

▲ 灣仔區橫街（似為船街）的多幢平民唐樓，約 1948 年。這等頗具特色的樓
宇，不少為建築於 1920 年代。

▶ 由旺角道向南望彌敦道，1953 年 6 月 3 日。慶祝女皇加冕會景巡遊的舞
龍在進行，多幢民居全為落成於 1920 年代者。左方為百老滙戲院。

1953 年，胡文虎捐建的一座平民屋於京士柏落成，供木屋居民抽籤入住。同年，亦有平民屋 3,000 間，在京士柏的治民村建成。

當年 5 月，一間「立信置業公司」亦在京士柏興建名為「安樂新村」的平民屋，每間售 1,650 港元。第一批 100 間出售時，有不少紗廠及黃埔船塢工人申購。

1954 年 1 月，政府將北角健康村之地段交由「香港平民屋宇有限公司」，用作興建兩座每座十層高之平民屋，共提供 600 個單位。原居於健康村寮屋之居民，可選擇遷往摩星嶺、掃桿埔以至牛頭角之徙置區。

同年 4 月，當局着手夷平紅磡蕪湖街與馬頭圍道之間，一座滿佈寮屋的小山崗，地段撥予香港房屋協會，以興建多座五層高的平民大廈（廉租屋）。

1955 年，香港經濟屋宇委員會（稍後中文名稱改為「香港經濟房屋協會」），在大角咀詩歌舞街興建七座五層高、共可容 200 多戶居住的「葛量洪夫人新村」（所在現為「頌賢花園」）。

同年，除了官方的「香港屋宇建設委員會」（Hong Kong Housing Authority）之外，還有數家興建廉租屋的商辦機構，分別為：香港房屋協會（Hong Kong Housing Society）、香港經濟房屋協會（Hong Kong Economic Housing Society）、模範屋宇會（Model Housing Soceity），及香港平民屋宇有限公司（Hong Kong Settlers Housing Corporation Ltd.）。

同年 4 月 3 日，模範屋宇會在英皇道新麗池夜總會對面興建之廉租屋，接受申請。

▲ 由西洋菜街望亞皆老街，約 1962 年。不少舊唐樓已改建為住宅大廈，當時每個七、八百平方呎的住宅單位約售二萬元。右方的兩座舊唐樓現仍存在。

▼ 旺角彌敦道，由咸美頓街北望，約 1965 年。在多幢新商住大廈當中，可見左方的一幢 1920 年代舊樓，以及右方的五層高戰後「石屎」（三合土）唐樓。

1957 年 11 月 25 日，港督葛量洪主持位於北角渣華道之「北角邨」的揭幕禮，該邨有多幢 11 層高的政府廉租屋。首批住客是國殤遺屬，以及公務員和家屬，其餘才是普通市民。政府廉租屋由在 1954 年成立的香港屋宇建設委員會興建。

1958 年 4 月 12 日，政府在馬頭涌撥出十英畝地段，供興建「馬頭圍邨」廉租屋。同時，又在堅尼地城加惠民道與加多近街交界，興建「西環邨」廉租屋。

同年 5 月，香港房屋協會開始在筲箕灣興建「明華大廈」廉租屋。該會亦於 1959 年，在深水埗李屋村之營盤街一帶，以及觀塘興建廉租屋，後者名為「花園大廈」。另外，亦在北角丹拿山，及九龍城區興建廉租屋，後者名為「啟德樓」。兩者皆於 1960 年起陸續落成。

1959 年，政府於彩虹道和觀塘道交滙處興建「彩虹邨」廉租屋，亦在深水埗蘇屋村（邨）興建廉租屋。蘇屋邨的第一座名為「杜鵑樓」，於 1960 年入伙。

1962 年 12 月 9 日，有近萬人在蘇屋村一帶露宿，輪候申請「入住」登記。

1963 年 12 月 18 日，港督柏立基（Sir Robert Brown Black）主持彩虹邨廉租屋入伙揭幕禮。該邨可容 43,300 人居住，是香港屋宇建設委員會九年來所建的第七座屋邨。

1965 年 4 月 22 日，港督戴麟趾主持馬頭圍邨廉租屋揭幕禮。

1966 年 2 月 10 日，筲箕灣明華邨（明華大廈）廉租屋入伙儀式，由港督戴麟趾主持。

▲ 由雲咸街西望威靈頓街，約 1950 年。兩旁
的樓宇除平民居所外，亦被用作洋服工場、
留產所、美容院以至學校等。

▶ 約 1952 年的消防局（左）及中環街市（右），
其東端兩旁的住宅樓宇不少作為商用，當中
包括中醫診所、代理行以及南洋、印尼莊等。

1968 年，薄扶林華富邨開幕禮由港督戴麟趾主持。該屋邨共有 7,788 個單位，可容 53,000 多人。

同時，當局正在興建位於清水灣道的坪石邨，可容三萬人，於 1971 年 4 月入伙。

1972 年 10 月 18 日，港督麥理浩（Crawford Murray MacLehose）提出龐大之「十年建屋計劃」，在沙田、屯門、荃灣及新界各區移山填海，開闢新市鎮及提供土地以興建各類樓宇。

1969 年，香港房屋協會在大坑虎豹別墅東鄰興建新型廉租大廈「勵德邨」，於 1973 年入伙。

▶ 被稱為「闊佬廉租屋」、落成於 1957 年的「北角邨」，約 1965 年。

▲ 由旺角亞皆老街南望廣東道的唐樓民居，約 1973 年。

▼ 一座舊式平民木唐樓廚房的景像，約 1965 年。可見六、七座（戶）煮食用的火水（煤油）爐，以及砂煲罌砵。廚房亦兼作浴廁的用途。

▷ 上：深水埗與長沙灣間，大埔道的迴旋處，約 1965 年。正中為「蘇屋邨」廉租屋苑。

▷ 左下：薄扶林華富邨的巴士總站及市場，約 1973 年。（圖片由梁紹桔先生提供）

▷ 右下：「蘇屋邨」廉租屋的特別景像，約 1965 年。

◄ 西環義皇台的唐樓，1979 年，因無商業價值，地舖亦用作住宅。

▼ 西環義皇台一唐樓的地舖，1978 年。因作住宅用途，門口右邊可見一度尚未拉出，用作防盜的「木趟櫳」(用木條構成的閘門)。左方的木樓梯的第四級處，有一列中外數目字，是「倒夜香」(清糞) 的指示。

　　1973 年 5 月 27 日，政府宣佈將「廉租屋」的名稱改為「甲類屋邨」，之前由徙置區易名為「新區」的大廈，則再易名為「乙類屋邨」。

　　1976 年，在沙田「填田」興建的屋邨——瀝源邨落成。

　　1978 年，當局開始發售包括俊民苑、漁暉苑及順緻苑等「居者有其屋」房屋單位，大受歡迎，全部均於 1980 年入伙。

　　1980 年，位於屯門的「安定邨」入伙，為香港第 100 個公共屋邨。

▲ 在九龍寨城南門進出的村民，約 1900
年。（圖片由蕭險峰先生提供）

▼ 「三不管」，九龍寨城內的橫街窄巷，約
1900 年。

第十章 難民營

1938 年，廣州市被日軍攻陷。同年 10 月，大量難民抵達香港，在黃泥涌及大坑一帶的官地搭屋居住。1940 年，當局着令居民遷往渣甸望台及附近的寮屋區。

1939 年 1 月，港九共收容約一萬內地難民，當時的難民營除設於港島黃泥涌和大坑區外，還有摩理臣山和北角；九龍京士柏、馬頭涌、荔枝角醫院，以及新界的粉嶺和錦田。

馬頭涌難民營建於聖三一堂背後，另一座則建於馬頭涌道與宋王臺道交界。該地段原是菜田，據說是宋帝行宮故址。

同時，亦有難民營建於附近之城南道、蒲崗村和上元嶺；還有深水埗的客家村（石硤尾）、大南街和名為「長沙灣尾」的深水埗軍營房，用竹、木及蓆蓋搭寮屋居住。

約建於 1941 年的尖沙咀漆咸營，是用作安置移居香港的在華英國僑民之處。淪陷期間被日軍用作囚禁外籍人士的集中營。於和平後復被用作難民營。到了 1951 年，漆咸營區內共有 125 間木屋，但只收容了 70 多名英國難民。

1949 年起，包括原國民黨官兵的大量難民從內地移抵香港，大部分獲東華醫院收容，居於該院上環之曠地，和西環域多利道「一別亭」周圍。亦有很多難民在上環九如坊、美倫街、必列者士街等多條街道蓋搭寮屋居所。稍後，東華醫院將大部分難民安置於摩星嶺。由 1950 年中起，港府陸續將所有難民遷往調景嶺。

▲ 約 1900 年的跑馬地。前方為現山村道一帶，黃泥涌村的寮屋。

▼ 由漆咸道南望柯士甸道一帶的槍會山軍營，約 1900 年。右中部為紅磡，右下方現為香港歷史博物館所在。

同年 11 月，港府醫務處以及救世軍在摩理臣山、黃竹坑、九龍城及馬頭涌等地，創設「平民營」，收容部分難民及流浪婦孺。

同時，東華醫院在大口環建成痲瘋病臨時收容所，接收該院之痲瘋病人。1953 年，病人被遷往喜靈洲。

1951 年，當局在北角糖水道電車總站對出之海旁（原北角醫院舊址），興建龐大的難民營，以收容馬頭涌之難民。該處亦有由十多間木屋組成之難民營，用作安置淪陷期間被誘往海南島工作而已失去家園的倖存勞工，以及其他難民。

由 1950 年代中起，各難民營及安置區域陸續被規劃，用作社區設施或樓房發展。歷史悠久的漆咸營，便於 1960 年代被用作霍亂病隔離營。1990 年代，該地盤上興建了香港科學館及香港歷史博物館。

◀　約 1970 年的調景嶺。前方的照鏡環旁有多間工廠。

第十一章 工業區

　　1870 年代，香港的工業地段遍佈港島及九龍各區，較重要為香港仔、東角、西營盤，以及九龍的紅磡、大角咀、油麻地及土瓜灣等區。

　　當時的主要工業為造船、修船、船上用品製造、糖廠、造紙、食品、糖油、醬料、製衣、炮竹火柴等。

　　踏入二十世紀，主要的工業還有：化妝品、紡織製衣、機器、鞋類、電筒、電池、熱水瓶、玻璃鏡器、麵粉及酒類等。

◀ 由堅拿道東望海旁東（軒尼詩道），約 1910 年。左下方現為消防局所在，左中部可見東角的渣甸（怡和）倉以及設有煙囪的東角糖廠。

▶ 上：約 1900 年，由銅鑼灣高士威道，約為現中央圖書館，前望怡和洋行的東角糖廠羣。正中一棵樹後的廠房所在現為柏寧酒店，前方的避風塘海段現為維園及告士打道。

▶ 下：約 1900 年，鰂魚涌的太古糖廠，所在現為「太古坊」。

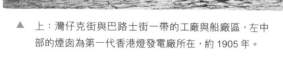

▲ 上：灣仔克街與巴路士街一帶的工廠與船廠區，左中部的煙囪為第一代香港燈發電廠所在，約 1905 年。

▲ 中：紅磡黃埔船塢，約 1910 年。

▲ 下：香港仔接近黃竹坑的早期工廠區，約 1915 年。

▲ 筲箕灣近亞公岩一帶約 1910 年，這
區域有多座船艇廠，亦有多間工廠。

▲ 人與牛隻，正將泥土踏實以製造磚
　　塊，1930 年代粉嶺的景像。

▶ 1954 年，一座位於新界的製造陶器
　　及紅泥火爐（風爐）的工場和曬地。

以下為 1920 年代，港九工業區分佈：

港島	
中環	船具、帽廠、車衣工場、機器
西營盤	醬油、蜜餞食品、製藥、船具、草蓆、蔴包
石塘咀	煤氣
西環	船廠、木廠、蔴纜廠、機器、英泥、製梘
香港仔	船塢、紙廠、調味品
灣仔	船廠、艇廠、煙廠、機器、食品、糖廠、汽水
銅鑼灣及東角	紡紗廠、燈泡、糖廠
大坑	釀酒、玻璃、機器
天后	化妝品、汽水、製漆、印花製罐、船廠、食品
北角	電廠、製釘、印刷、化妝品、紡織
鰂魚涌	糖廠、製漆、汽水、船塢
筲箕灣	食品、醬料、樹膠製品、線衫、製襪、船艇廠、船具
九龍	
油麻地	棉織、紡紗、船具、製衣、洗衣、機器、木廠、醬油、機器、煤氣
旺角	煙廠、織造廠、熱水瓶、食品、洗衣
大角咀	船塢、船廠、電筒、製衣
深水埗	織造、製衣、食品、汽水、燈泡
長沙灣及荔枝角	造船、修船、製衣、食品、紗廠、機器
土瓜灣	紡織製衣、電池、英泥、炮竹
紅磡	船塢、船廠、發電廠、火柴、機器
九龍城	糖果、食品、醬料、木廠
牛池灣	造船及修船廠
牛頭角	醬油罐頭、造船、修船、拆船

1930 年代，新界的主要工業區為荃灣。主要工業為：醬油、果子、紡織、搪瓷、熱水瓶、印染、製衣及機器等。

▲ 約 1957 年的長沙灣區。當局在東京街旁進
行填海,稍後,多座工廠和船廠在新填地
上落成。

▼ 筲箕灣漁港,約 1960 年,東大街與望隆街
一帶有多間製造廠。

1960 年代的新工業區，主要為：

柴灣	機器、印刷、電子、塑膠
新蒲崗	電池、電子、製衣、紡織、假髮、塑膠
觀塘	紡織、製漆、製衣、麵粉、電子、塑膠、熱水瓶

十九世紀的主要工業中，以黃埔船塢、怡和洋行的糖廠及紡織廠、香港仔的大成紙廠等為巨擘。

由二十世紀初起，不少紡織製衣廠在油麻地、大角咀及旺角一帶創設。1920 年代起，亦有不少大型工廠，於港島西環至筲箕灣一帶創設。

1930 年代中起，大量內地資金湧至香港，有若干間新廠於當時的新工業區荃灣創立。

1940 年，當局曾計劃將北角七姊妹區闢為工業區，並收回設於該區的海灘，以及南華會、華員會、永安及大新等公司的泳場。

淪陷時期，本港的主要工業被日本財閥強佔，易名經營，較主要的有：

原名	易名
黃埔船塢	九龍造船所
太古船塢	香港造船所
青洲英坭廠	香港士敏土工場
中華煤氣	香港瓦斯廠
香港電燈及中華電力	香港電氣廠
商務印書館	豐國印刷工場
屈臣氏汽水廠	香港飲料水工場

1943 年，曾有部分華資工廠復業，但因缺乏原料及電力能源不足而結業。

和平後的 1948 年，當局着手擴展荃灣工業區，亦將其發展為一個主要副城市。另外，政府又考慮將尖沙咀火車站遷往油麻地站（旺角站），將火車軌道旁的沿海地段發展為工業區。

1954 年 3 月，為使工業區向郊外發展，當局在柴灣填海，並在新填土地上開闢工廠區。另又在牛頭角填海，開闢工業特區。先前，當局亦曾計劃將沙田發展為工業區。

同年 8 月 21 日，政府決定在九龍灣東部，原為「垃圾灣」的觀塘填海，使牛頭角至亞細亞火油庫之間的海段，變為一個龐大新工業區，面積 78 畝，較維多利亞公園大 1.5 倍。

1956 年 2 月 9 日，建造商會決定在黃竹坑闢建工業區。甄沾記糖果雪糕及維他奶的工廠，於一兩年後陸續於該區落成。

同年 9 月 11 日，政府開始拍賣官塘土地，成交價每呎約 25 港元。1957 年 5 月 14 日，再拍賣位於興業街的一幅土地，成交價每呎 20 港元。

到 1961 年 11 月，官塘四幅大地段開投，底價為每呎 35 港元，批期至 1997 年 6 月底止。

官塘的填海工程於 1955 年開始，至 1964 年全部完成，共獲 250 畝填海土地。當時整個官塘地段共有 514 畝，開有 197 間工廠，當中僱用 20 多萬工人。同年，名稱由官塘改為觀塘。

▶ 約 1969 年的馬頭角道。前方馬頭角道，以及左方由九龍城道至土瓜灣道間，位於由龍圖道至鶴齡街共 11 條街道範圍內之多幢樓宇，是拆卸南洋紗廠所改建。（圖片由吳貴龍先生提供）

當時另一重要填海區為葵涌。1964 年共有土地 6,130 畝，其中 986 畝作工業用途。同年，在葵涌毗鄰闢建的荃灣衛星城市亦告落成。

1973 年，當局着手在牛頭角觀塘道對出的九龍灣進行填海，開闢新工業區及興建地下鐵路車廠。原位於牛頭角的造船及修船廠全遷往將軍澳。

▲ 約 1968 年的長沙灣。左前方為蘇屋邨，右下方為長沙灣邨。前方多幢樓宇中，有不少為工廠或製造場。

▶ 約 1975 年的葵涌貨櫃碼頭，左上方可見已全部落成的美孚新邨。

第十二章 遊覽消閒區

1880 年代，港人熱門遊覽消閒地點，為當時稱為「公家花園」或「兵頭花園」的香港動植物公園、位於鋤斷山街（荷李活道）原為「佔領角」的「大笪地」，還有文武廟前的「文武廟廣場」，以及油麻地天后廟前的榕樹頭廣場。

同期，東華醫院不時在「公家花園」舉辦各項表演，以籌善款。

1888 年纜車通車後，較高級的遊覽地點為爐峰峽的山頂。

另一新遊覽點為落成於 1896 年的皇后像廣場。

1901 年，當局在上環大笪地建成小店多間供出租。

1903 年起，包括怡園、愉園及樟園等多座遊樂場在跑馬地區開設，以接待遣興及觀看賽馬的遊客。1910 年起，且設有由「鵝頸橋」（現時堅拿道西「打小人勝地」）至愉園的巴士服務，為港島始創。

其他遊樂場還有 1915 年在西環開業的「太白樓」，以及 1918 年在北角開業的「名園」。兩者所在現時分別為太白台及明園西街一帶。

1923 年，富商利希慎購得銅鑼灣渣甸山，易名為「利園山」，在其上開設一個遊樂場，並在旁邊興建利舞台戲院。

▲ 銅鑼灣東邊山（又名東角山、渣甸山）上的渣甸花園，1869 年。上方是被
稱為「大班行」之怡和洋行大班的府第。1923 年，東邊山被利希慎所收購，
易名為利園山，並將其改作遊樂場。1951 年起，利園山被夷平，山石用作
銅鑼灣填海以建維園的堆填物，夷平的地段上開闢了包括啟超道、蘭芳道
等多條新道路。

◀ 上：正舉行儀式的皇后像廣場，約 1925
年。可見位於遮打道正中的維多利亞女皇
像和寶亭。廣場是市民消閒和「拍拖」的
勝地。

◀ 下：由荷李活道西望文武廟及前面的廣
場，約 1910 年。廣場是華人的休閒場所，
每逢節慶尤其是關帝誕時，最為熱鬧。

▶ 左：香港植物公園（兵頭花園）內的港督
堅尼地爵士銅像，約 1930 年。

▶ 右：山頂盧吉道的遊客，約 1925 年。

◀ 由石塘咀和合街東望皇后大道西，約 1918 年。這一帶為著名的塘西風月區，酒樓妓院林立。左邊可見亦陶陶及香海酒樓，香海對面為孫中山先生曾在此被設宴款待的洞天酒樓。

▶ 1926 年雨災後的石塘咀山道，這裏被稱為新水坑口，水坑已遭大水沖毀。正中為第一代石塘咀街市，其左方為南里上的聯陞酒店，正中是三間被稱為「二四寨」的二級妓院。

　　1930年，政府授權廣華醫院管理榕樹頭廣場的小販攤位。

　　1932年，政府再委託東華醫院辦理重整及改建大笪地事宜。

　　1935年，除名園外的所有遊樂場皆已結束。當時的兵頭花園、皇后像廣場、九龍城的宋王臺，均為男女的約會及拍拖勝地。

　　1936年，位於大坑山上的虎豹別墅和萬金油花園開放予公眾人士參觀，迄至2000年為止，是中外人士熱門遊覽點。

▲ 由皇后大道中上望賣花街（雲咸街），1927 年。
右方樹旁金字屋頂的是比照戲院，背後的南華早
報社現為南華大廈。

◀ 左：由南華早報社下望賣花街（雲咸街），約 1925
年。右方的亞細亞行及正中的華人行皆落成於
1924 年。《獅心皇李察》電影布招的左方有一「比
照戲院」，1931 年，連同其下端的舊香港會樓宇，
改建為最先有冷氣設備的娛樂戲院。

◀ 左中：位於砵典乍街與德輔道中交界，落成於
1911 年的域多利戲院，這間是港督亦會入場的一
流戲院，約攝於 1918 年。左方的舊樓於 1957 年
改建為萬宜大廈，戲院所在現為永安集團大廈。

▲ 上：重建落成於 1927 年，位於彌敦道與加士居道交界的第二代普慶戲院，約 1930 年。這間最初建成於 1902 年的戲院，是九龍的第一間。因接近廟街的油麻地風月區，一直都很旺場。（圖片由佟寶銘先生提供）

◄ 中：於 1936 年起接待遊人的大坑虎豹別墅和萬金油花園，約 1952 年。其虎塔地標及「十王殿」的雕塑均為遊覽熱點。

▼ 下：位於田灣，曾經歷重建的第二代譚公廟，約 1938 年。

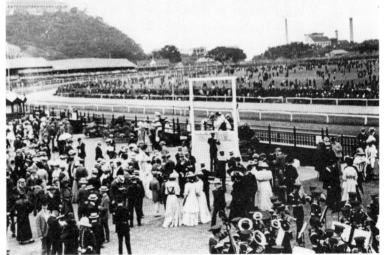

▲ 約 1895 年的黃泥涌谷跑馬地。右方為
最早的看台,正中為黃泥涌村,左方為
禮頓山。

▼ 約 1910 年的馬場,可見主看台前的衣
香鬢影。左方的摩理臣山下為竹草蓋搭
的部分馬棚。右方為堅拿道旁寶靈頓糖
廠,以及渣甸紡織廠的煙囪。

1947 年，上環的大笪地改由華民政務司管理，被稱為「貧民的自由園地」，內有約 50 間多屬一層的平民屋，每間闊約三至四呎，深七至八呎，大部分為相命館。正中有兩幢圓型建築，四周有四、五間影相館及出租連環圖店舖。這裏的店舖及相命館的前面皆置有一堆炊具。

　　大笪地東北兩端的出入口置有閘門，12 時才上鎖，面向普仁街的閘門後有一間「經濟飯店」，閘門兩側的荷李活道上共有十多間理髮店，若干間為「女子理髮」者。大笪地內東端民居的圍牆旁邊，有若干檔代寫書信者，是失業人士謀生的地方。這裏有不少人「瞓街」（露宿），亦有黑社會活動。

　　戰後初期的油麻地榕樹頭，由華人遊樂場委員會管理，一如大笪地和灣仔「為食街」（交加街）的綜合體。其背後為天后廟。榕樹頭常聚集一堆堆閒人，有一個所謂「講古亭」，只需花 1 毫，便可入內聽「三國」、「西遊記」及「薛仁貴征東」等故事。

　　1948 年初的修頓球場仍為一片沙地，平時充斥着「野草閒花」的私娼，到了歲晚則變成年宵市場。

　　當年的另一年宵市場，位於上環蘇杭街和孖沙街一帶。九龍的年宵市場則設於彌敦道與廣東道之間的一段窩打老道。此外，還有廣東道與塘尾道之間的一段太子道。

　　1950 年，修頓球場於日間為兒童遊樂場，晚間則攤販雲集，計有功夫賣武 2 檔、西洋鏡 30 檔、占卜星相 41 檔、裸體舞場 1 檔、熟食攤子 200 多檔，還有棋局、講古及雜耍等。普羅市民多前往觀光、納涼及消遣。此外，亦有妓女在球場每一角落流連拉客。

　　1951 年 6 月，灣仔國殤大廈落成後，修頓球場只用作球類及體育活動，攤販全部消失。年宵市場則遷往分域街至菲林明道之間的一段告士打道，以及告士打道至駱克道之間的一段菲林明道。

◀　上：約 1918 年，位於北角近鰂魚涌的七姊
　　妹泳灘。正中太古糖廠的地段現時為「太
　　古坊」。這一帶連同右上方的筲箕灣道，於
　　1936 年重整及擴闊，並易名為英皇道。

◀　下：淺水灣酒店及露天茶座，約 1952 年。

◀ 上：弄潮兒另一好去處，沙滑但
水深的石澳泳灘，約 1952 年。

◀ 中：黃埔船塢，外籍職員宿舍前
的大環山泳灘，1928 年。右方為
中華電力廠的煙囪。

◀ 下：位於荔枝角，荔園對出海濱
的泳棚、泳屋和餐廳，約 1960 年。

▲ 維多利亞公園及前方的泳池，約 1973
年。正中可見現為宗教聚會場所的新都戲
院，右中部為樂聲戲院。

▼ 在紅磡新填地，現紅隧出入口處，舉辦，
被形容為「平民購物嘉年華」的工展會，
1963 年。

二戰前後的商辦遊樂場計有：

於 1940 年開業，位於鰂魚涌英皇道之「麗池游泳場」，後來改為遊樂場，當中亦設有餐廳及夜總會。

於 1939 年開業，位於銅鑼灣怡和街與禮頓道交界，又名「銅鑼灣遊樂場」的「東區遊樂場」。

於 1948 年開業，位於荔枝角的「荔園」，早期名為「荔枝園」，內設戲院、劇場、舞廳及泳池等，並有摩天輪等的多種機動遊戲。

於 1948 年開業，位於北角英皇道與月園街的「月園遊樂場」，內設戲院、機動遊戲及溜冰場等。

於 1950 年開業，位於旺角弼街、荔枝角道與上海街之間的「天虹娛樂場」。只經營一年，結業後在部分地段上興建「大世界戲院」。

於 1950 年開業，位於旺角原東方煙廠部分地段上的「明園遊樂場」，所在後來為「中僑國貨公司」，現時為信和中心。

於 1965 年開業，位於新蒲崗彩虹道的「啟德遊樂場」，內有戲院、劇場，亦有摩天輪、過山車等機動遊戲，1980 年代初結業。

▶ 一座位於機利文新街口的雲泉茶樓，約 1925 年。其左鄰的公昌押旁是機利文街，德輔道中上的出殯巡遊，吸引了大批看熱鬧的途人。

◀ 上：土瓜灣，原為海心島的海心公園之觀景亭
和九曲橋，約 1970 年。

◀ 中：約 1960 年，屯門鄉青山，水陸居民恭賀
三洲天后寶誕，公演粵劇的戲棚。

◀ 下：約 1920 年，上海商務印書館印行的明信
片，介紹黃興曾在此召集軍事會議的，九龍青
山（屯門）紅樓。

▲ 荔園的大門口，約 1985 年。

▲ 泊於沙田墟對開海面的沙田畫舫，約 1960
年。這一帶現為沙田大會堂所在。

▼ 泊於青山灣，容龍別墅對開的太白海鮮舫，約
1960 年。

▶ 上：沙田火車站前，橫過火車路軌的旅客，約
　 1955 年。這一帶現為「新城市廣場」。

▶ 中：古典的大埔滘火車站，1981 年。（圖片由何
　 其銳先生提供）

▶ 下：位於青山道（公路）十九咪，設有酒家及泳池
　 的容龍別墅，約 1958 年。部分地段於 1980 年代
　 後期，改建為屋苑「容龍居」。

◄ 上環新填地「平民夜總會」(現信德中心所在) 的攤販和食檔,約 1970 年。

▶ 油麻地榕樹頭,近街市街的小販檔,約 1950 年。右上方為天后廟。

1952 年，黃大仙廟平日已有不少善信及遊人觀看參拜及觀光，新春期間尤甚，成為香港名勝之一。

農曆三月廿三為天后誕，善信及水上人家「千帆並舉」，前往佛堂門天后廟進香參拜。該廟建於公元 1266 年的宋代。

戰前為香港人遊覽熱點的宋王臺、九龍寨城及侯王廟，於和平後只餘寨城內的衙署及附近的侯王廟，其他古蹟於淪陷期間遭破壞。

1957 年，港島的年宵市場改設於銅鑼灣興發街、威非路道、電氣道、琉璃街、永興街及清風街。上環的年宵市場則仍設於蘇杭街與文咸街一帶。

九龍的年宵市場則位於豉油街與奶路臣街之間的一段西洋菜街、西洋菜街與洗衣街之間的一段山東街，以及西洋菜街與通菜街之間的一段豉油街。

1958 年，由林士街至摩利臣街的上環填海工程完成。該大片新填地除部分被用作巴士站、港澳碼頭及政府的交通部外，大部分被用作停車場。停車場於黃昏起則變為市民消閒、購物及飲食場所。

在這「新填地」上，有近千賣物、飲食、星相和表演攤檔，一如荷李活道的大笪地和油麻地榕樹頭，但規模更龐大。當時被旅遊刊物介紹為「平民夜總會」。此「夜總會」於 1981 年因興建港澳碼頭和信德中心而向西移，但因市民消費模式改變，加上位置不佳，於 1990 年代初消失。

▲ 由落馬洲望深圳區，約 1958 年。

▲ 約 1965 年的長洲，可是新落成的渡輪碼頭。

▶ 落馬洲皇崗口岸關卡一帶，約 1990 年，右上
方可見剛落成的聯檢大樓。

　　1958 年 7 月，為改善交通，歷史悠久的蘭桂坊土地
廟封閉拆卸，兩年後設於德己立之間的地下公廁亦封閉停
用。1970 年代後期，這一帶轉變為「全盤西化」的飲食及
消閒場所。

　　1959 年 12 月 28 日，馬頭涌的「宋皇臺碑」揭幕，因
元朝修史，以致先前寫作「宋王臺」，現正名為「宋皇臺」。
宋帝端宗曾在該處駐驛，於 1277 年在此地設行宮。

　　1960 年 1 月 8 日，港島的年宵市場首次設於維多利
亞公園，共有 508 個攤位。

　　九龍的年宵市場則設於介乎太子道與旺角道之間的一
段塘尾道，有 364 個攤位。當時每個攤位的牌照費為 25 港
元，需要用 5 港元購買一張抽籤券。中籤獲得攤位的機會
為七分之一。稍後，才改用「價高者得」的開投形式。

◀ 左：長洲太平清醮的包山，約 1965 年。

◀ 中：接近德己立街的皇后大道中，1992 年。
左方為皇后戲院，右方為舊興瑋大廈，以及拆
卸娛樂戲院，正在改建中的娛樂行。

▲ 右：位於「旺角的旺角」，彌敦道與山東街交
界，整天人流不絕的瓊華酒樓，1985 年。（圖
片由陳創楚先生提供）

第十三章 交通設施

　　1888 年 5 月 30 日，山頂纜車正式通車，早期的名稱曾為「鐵纜車」、「山頂火車」、「高地電車」及「登山電車」等。通車後，山頂居民大增，可是華籍居民要到 1947 年才獲准居於山頂。

　　1904 年 8 月 1 日，又名「低地電車」的電車通車，路線由堅尼地城至筲箕灣，另有一轉入跑馬地的支線。當時電車所經地段，大部分為沿海者。

　　因有電車的緣故，不少中西區居民，逐漸遷往電車沿線的灣仔、跑馬地、銅鑼灣、北角以至筲箕灣等區居住，尤其以 1930 年填海完成後的灣仔區最為顯著。

　　與此相同，是於 1910 年 10 月 1 日通車的九廣鐵路，通車後不少港九市區居民亦遷往新界沙田及大埔等區居住。

　　由 1921 年起，大量巴士服務向港九及新界各區四通八達地擴散後，不少市區居民亦隨而遷往。

　　在未有巴士及火車服務之前的 1902 年，大埔道（公路）只為一條泥路，凡往大埔者須乘三人拖拉之人力車。

▲　停泊於紅磡火車站的一列九廣鐵路火車，約 1915 年。紅磡站於 1921 年因建築物殘舊而被取消。

▼　一輛經過「三角碼頭」正在干諾道西行駛的木頂篷雙層電車，約 1923 年。右方可見一座設於馬路中間的公廁。

1909 年，已有巴士往來尖沙咀碼頭與紅磡之間。

1921 年，香港仔街坊汽車公司以及香港大酒店汽車公司，經營往香港仔及淺水灣的巴士線。同年，九龍汽車有限公司經營四條九龍市區的巴士線。

1923 年，啟德汽車公司經營由天星碼頭至九龍城的巴士線。該公司於 1928 年被電車公司接管。當時，電車公司亦經營若干條港島區的巴士線。

1924 年，中華汽車有限公司經營數條九龍及新界的巴士線。同時，亦有兩間公司經營市區至新界的巴士線。

到 1933 年，巴士服務改為由中華汽車公司經營港島、九龍汽車公司經營九龍及新界的路線。

1939 年，當局否決在九龍行駛雙層巴士的建議，原因是「雙層巴士太笨重，一旦實行，須斬去彌敦道兩旁的美麗樹木」。

淪陷時期，香港不少樹木遭日軍斬去，故九巴於和平後的 1947 年再度申請行駛雙層巴士，但要到 1949 年 4 月 17 日才開始實行；而港島則要到 1963 年 1 月才實行。

▶ 由雪廠街西望干諾道中，約 1928 年。交通指揮亭背後為一輛電車公司屬下、前往跑馬地的「綠巴士」。右方為天星碼頭。

▲ 約 1930 年,尖沙咀天星碼頭前的巴士總站,可見多線
　九龍汽車有限公司的巴士。(圖片由吳貴龍先生提供)

▶ 尖沙咀火車站及鐘樓,1955 年。右中部中間部分為金
　字屋頂的是九龍郵政局。

▲　粉嶺火車站，約 1980 年。

▶　羅湖火車站，約 1970 年。中左
　　方可見中英國旗。圖左為深圳
　　河，當時的深圳尚為一大片農田。

除巴士外，二戰前後亦有由中、上環至筲箕灣及香港仔的渡輪。

1948 年 4 月 7 日，筲箕灣至茶果嶺、三家村及茜草灣的小輪開航。同時取消筲箕灣至坑口、中環至香港仔、九龍灣至西貢、香港島至深圳鯊魚涌等多條小輪航線。

1949 年 2 月，政府開始擴闊銅鑼灣高士威道，將電車路由單軌改為雙軌。

由軒尼詩道進入跑馬地之電車，於 1951 年 2 月 12 日起改由波斯富街進入，不再經狹窄之堅拿道東。電車所經黃泥涌道口「三 C 會」之的地段，被稱為「蘭亭」，為「禮頓」的另一音譯。

▲ 維港的渡輪和帆船，約 1970 年。可見三層載客渡輪「民昇」號。右方的藍煙囪貨倉及碼頭，將於稍後改建為新世界中心。

▶ 約 1990 年的東區走廊及北角渡輪碼頭。正中為紅磡體育館。

1954 年 10 月 23 日，第一座電車月台在英皇道街口落成啟用。

1953 年 8 月 23 日，重 45,000 噸之美國軍艦「新澤西號」，因體積過大不能進入維港，遂碇泊於將軍澳。由當時起，「新澤西」被用作形容廚師尅扣餸菜錢，意指為「食水太深」。當時，油蔴地小輪公司載客前往參觀，有三萬多人曾觀看。俟後，該公司常舉辦環島遊覽的小輪航線。

1960 年 1 月 15 日，由上環林士街至佐敦道的第二條汽車渡輪線開航。

1965 年 6 月 1 日，天星小輪中環至紅磡線開航。

俟後，因應人口增加以及各新市鎮開闢，海陸交通工具迅速發展，多條隧道投入服務。地下鐵路亦於 1979 年通車，而九廣鐵路同時實施雙軌及電氣化，於 1983 年完工。港九及新界的交通網絡大致能滿足市民需要。

◀　干諾道中，約 1981 年。右方為林士街，正中為剛拆卸海事處大樓，及背後恆星（原新世界）戲院的地盤，正在此興建地鐵站及維德（無限極）廣場。正中可見鴨蛋街（永勝街，左方）及永樂街的樓宇，於 1992 年拆卸，改建為新紀元廣場。（圖片由何其銳先生提供）

▶　約 2002 年的九龍茶果嶺，可見地下鐵路及東隧收費站。

第十四章 基礎建設
(碼頭、隧道、大橋、機場)

碼頭

開埠初期，已有大量船隻往來香港與九龍，以及內地和世界各埠，故有不少碼頭建設。

1880 年代，港島的主要碼頭為畢打街與寶靈海旁中之間的畢打碼頭、美利道對開的美利碼頭。還有一座位於永勝街口與永樂東街交界的碼頭，該碼頭接近華人居住區早期的廣源市集，該市集區闢成廣源東街和廣源西街。永勝街內有眾多蛋舖，又名「鴨蛋街」。西區的主要碼頭為位於正街與德輔道西交界的渣甸貨倉碼頭（又名「渣甸橋」）。

九龍方面，主要的碼頭為位於麥當奴道（廣東道）油煤倉及碼頭，以及一座由竹碼頭所在地段改建，於 1886 年落成之「九龍倉」的五座碼頭（又被稱為「橋」）。1898 年的天星碼頭亦位於此。油麻地區的主要碼頭為建成於 1880 年代中，位於眾坊街與新填地街之間的一座。

由 1889 年開始的中西區大規模填海工程大致完成後，多座新碼頭在新海旁的干諾道旁建成，較著名的有：

▶ 1935 年 6 月，英皇喬治五世銀禧慶典，巡遊花車正經過干諾道中，左方為為林士街前的省港澳碼頭。

HONGKONG-MACAO LINE.

S. S. SUI-AN leaves on WEEKDAYS at 8 a. m.
and on Sundays at 9 a. m.

S. S. SUI-TAI leaves on WEEKDAYS at 2 p. m.
and on Sundays at 1 p. m.

From Wing Lok Street Wharf

火船處　　瑞泰澳門　　頭瑞安及　　口永樂碼　　去永樂街　　煩你帶我

　　1901 年落成的雪廠街碼頭（同年改名為天星碼頭）和卜公碼頭（又名「新必打步頭（碼頭）」）。同時落成的還有美利道口的美利碼頭、皇后像碼頭，和毗鄰的域厘碼頭（Wardley Pier）。

　　1904 年落成，位於永樂街口的永樂碼頭，又名「三角碼頭」。同年落成的還有灣仔海旁（軒尼詩道）的天樂里碼頭，以及旁邊的垃圾碼頭。

　　1905 年落成，禧利街口的兩榮碼頭。

　　1908 年落成，林士街與文華里對開的省港澳碼頭。

　　1918 年落成，中環街市對開處的泰興碼頭。

　　1921 年落成，在域多利皇后街口往油麻地的輪船碼頭。

◀　永樂碼頭的宣傳廣告，約 1930 年。

▶　上：約 1901 年的明信片，前方為同年落成的卜公碼頭，右中部是一年前落成，原為雪廠街碼頭的天星碼頭。

▶　下：省港澳汽船公司的永樂碼頭（又名「三角碼頭」，因位處永樂街對開的三角型彎位處，早期的名稱為「永樂街碼頭」）。約 1930 年。

由 1900 年起，多座附屬於貨倉的碼頭，在由堅尼地城起、到上環迄至灣仔的海旁建成。當中包括：怡和洋行及九龍倉、輪船招商局、均益倉以及太古洋行等所擁有者。太古洋行於 1901 年在鰂魚涌角興建船塢，至 1907 年 6 月 22 日舉行落成典禮。太古洋行亦同時於尖沙咀興建藍煙囪碼頭和貨倉。

此外，有一間「佐治分域機器有限公司」在灣仔莊士敦道與現分域街（以該公司命名）之間，擁有廠房及海段。該公司於 1903 年遷往銅鑼灣，1913 年底結業。

▲ 尖沙咀天星碼頭前廣場和九廣鐵路總站，約 1920 年。廣場上的長廊是停泊人力車者。

▶ 上：從運貨艇，踏上跳板登岸的女泥工，約 1925 年，所穿的是被稱為「千里馬」的生膠製薄片鞋。右方是天星碼頭。

▶ 下：在統一碼頭前候客的人力車，約 1949 年。這一帶現為四季酒店所在。

▲ 位於消防局前的統一碼頭，1955 年。兩者之間為巴士總站，左中部可見於同年稍後落成的中總大廈。

1909 年，為保障船艇居民安全，定例局（立法局）於同年通過在油麻地、望（旺）角至大角咀之間海段興建避風塘之則例。為彌補建築開支，港府開徵「燈塔稅」。當時工程由建築商伍華承包。避風塘於 1915 年 10 月 16 日落成，為香港第二座避風塘（第一座避風塘於 1883 年在銅鑼灣興建，所在現為維多利亞公園），港督梅含理（Sir Francis Henry May）主持奠石典禮。

　　迄至 1920 年代，在中西區干諾道及海旁落成的碼頭，最主要者是 1925 年位於皇后像廣場前的皇后碼頭，其他較著名的碼頭還有：

　　　　於德忌利士街口的鐵行碼頭和德忌利士碼頭；
　　　　於租庇利街口的滅火局碼頭；
　　　　於機利文街口的聯昌碼頭和大阪碼頭；
　　　　於永和街口往紅磡及九龍的小輪的瓊山碼頭；
　　　　於林士街口的船政局（海事處）碼頭和省港澳輪船碼頭；
　　　　於急庇利街的厚德碼頭；
　　　　於摩利臣街的平安碼頭；
　　　　於上環街市（現西港城）前，往旺角及深水埗的小輪碼頭；
　　　　於東來里前的海安碼頭和楊泰興碼頭；
　　　　於威利蘇街口的垃圾碼頭（後來變為往深水埗及南丫島的碼頭）；
　　　　於東邊街口的往油麻地、深水埗、新界及筲箕灣的碼頭；
　　　　於堅尼地城山市街口的宜安碼頭。

　　九龍方面的主要碼頭，除天星碼頭外，還有其右鄰（現「五枝旗桿」前）的九龍公眾碼頭、山東街盡頭的旺角碼頭，以及由界限街遷往通州街與北河街之間的深水埗碼頭。

▲　約 1949 年，由統一碼頭東望干諾道中。正中為砵典乍街口的石碼頭。右方兩部巴士之間，可見一名於岸邊豎梯登岸的蜑家婦女。

▼　由砵典乍街至上環林士街的干諾道中，約 1952 年。可見一艘駛離統一碼頭的第一代汽車渡輪「民儉」號。渡輪上端為同年落成的警察宿舍（現 PMQ）。

▲ 約 1970 年，由大角咀望油麻地避風塘。正中可見
　一艘駛往旺角碼頭的油麻地小輪，右方為落成於
　1915 年的避風塘堤壩。

　　而公眾四方街（眾坊街）碼頭，於 1933 年遷往佐敦道後，變身為載客及汽車渡輪碼頭。同時，港島租庇利街口的滅火局碼頭和垃圾碼頭，也改建成供汽車渡輪及往九龍、離島和新界小輪泊岸的統一碼頭。汽車渡海小輪於 1933 年初投入服務，在此之前汽車要渡海，是分別經由砵典乍街的域多利戲院以及天星小輪公司所經營的躉船運載。

　　當時主要渡海小輪經營者，是天星小輪公司及油蔴地小輪公司，後者兼營汽車渡輪。

　　1930 年代，當局曾計劃在灣仔新開闢的告士打道興建內河船碼頭，稍後興建了杜老誌碼頭，以及往馬頭角及九龍城的小輪的碼頭。

和平後，大阪碼頭被稱為「敵產碼頭」，被用作港澳碼頭。位於林士街的省港澳碼頭及西鄰的兩三座碼頭，於1950年代中因填海而被拆卸。1960年代初於新填地上設有港澳碼頭、深水埗碼頭及第二座汽車渡輪碼頭。1980年代初，這一帶興建了新港澳碼頭和信德中心。

1954年6月28日，位於愛丁堡廣場的新皇后碼頭啟用，舊皇后碼頭一個月後拆卸，所在後來興建香港首條行人隧道。位於愛丁堡廣場和尖沙咀的兩座新天星碼頭，則於1958年落成啟用。

▲ 天星碼頭及皇后碼頭，約 1980 年。

▶ 上：約 1950 年干諾道中的皇后碼頭（左）、天星碼頭（中）及卜公碼頭（右）。

▶ 下：港島天星小輪碼頭，約 1955 年。

1960 年代，穿梭於港九各區的渡輪新線啟航，多座碼頭在中環、灣仔、北角、紅磡及觀塘等區建成。

可是，自海底隧道及地下鐵路通車後，渡海小輪業務萎縮，航線陸續停辦，不少碼頭隨之消失。

位於九龍倉內為世界巨輪泊岸，被稱為「一號橋」的一號碼頭，於 1966 年被改建為海運大廈。

隧道與大橋

二戰和平後，往來港九兩地的交通日趨頻繁，單靠渡輪及汽車渡輪不足以應付需要。

1948 年 3 月 1 日，港府計劃築建海底隧道，但設計中的港島出入口為海軍船塢，要待收回該地段後才能成事。

1949 年 1 月 21 日，香港華人革新會倡建海底隧道，估計造價為 3,000 萬港元。

◀ 美孚新邨及荔枝角大橋，約 1970 年。前方為荔園遊樂場的耀目燈飾。

1953 年 6 月 14 日，香港大學教授戴維斯等視察後表示，港九將築建海底隧道貫通，地點為中環至油麻地。除車輛外，行人亦可往來。至 1955 年，天星小輪擔心海底隧道會影響其業務。

1955 年 1 月 21 日，會德豐公司主席馬登（George Marden）呈交一龐大計劃予港府，為建一條全長一英哩、由摩理臣山至九龍漆咸道，橫跨維港的大橋。當時估計需時六年完成，造價約一億港元。

同年 9 月 15 日，亦有人建議在美利兵房一帶至尖沙咀漆咸道之間，興建海底隧道，全長為二英哩，造價 1 億 6,000 萬港元，需時六年完成。因提出此計劃，天星小輪公司暫緩建造新輪船。

1956 年 7 月 7 日，富商羅蘭士嘉道理（Lawrence Kadoorie），提出建一條 Y 型海底隧道，由九龍往香港島的兩個出口，一個在西環堅尼地城，一個則在銅鑼灣。可是，港府於同年 7 月 17 日正式宣佈，不會興建隧道或大橋，並建議擴展渡輪航線。

1957 年 10 月 13 日，身兼「香港屋宇建設委員會」委員的外商屈臣提議，在西環填海至青洲，再在青洲建一條天橋連接昂船洲，再由昂船洲建一條天橋連接深水埗。屈臣指單出售填海地段已可收回工程成本，並可獲盈餘約一億港元。

此外，屈臣亦建議在港九建設「地下火車」，路線由界限街經啟德至鯉魚門，再經海底隧道至筲箕灣，然後往東區及中區。另外，再建一路線為由界限街經尖沙咀至中區。

▲ 1972 年，剛通車時的紅隧灣仔出入口。右方位於北角的屈臣氏大廈，現為海景大廈。

▼ 海底隧道紅磡出入口，1972 年。

約 1975 年，由堅拿道西望灣仔新填地，前方可見紅隧的出入口通道。正中為落成不久的大東電報局大樓。大樓的右方於 1983 年興建會展中心。

1961 年 7 月 28 日，一間「域多利亞發展公司」發表
一個跨海大橋計劃，大橋的起點為銅鑼灣吉列（奇力）島
之帆船會至紅磡，造價為五億港元。當時很多人表示贊
成，但油蔴地小輪船公司反對，宣稱該公司已有九艘汽車
渡輪，足以應付需要。

　　1964 年 3 月 31 日，當局決定在灣仔至紅磡之間，興
建貫通港九的海底隧道。

　　1965 年 8 月，港府批出專利權予「維多利亞城發展
公司」，興建及管理灣仔至紅磡的海底隧道。

　　紅磡海底隧道最終於 1972 年 8 月 20 日通車。

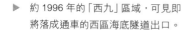

▶　約 1996 年的「西九」區域，可見即
　　將落成通車的西區海底隧道出口。

▲ 1997 年，剛通車時的青馬大橋
（左），以及汀九橋（右）。

▶ 興建青馬大橋的工程，約 1995 年。

機場

　　1927 年，政府收回啟德營業公司位於九龍城啟德濱之樓宇發展地段，以興建啟德機場。同年，當局制定泊於機場海面浮泡的飛機泊位收費，每次為一港元。

　　1930 年 12 月 2 日，香港與廣州之間的飛機航班開辦。

　　1936 年 10 月 19 日，中國及美國的民航機泊於香港。兩天後，中英政府就有關英國欲在中國之西沙島上興建航空站一事，進行商討。英國亦計劃將香港發展為世界航空樞紐，各國亦將航空線擴展至香港。

　　淪陷時期，日軍擴建啟德機場，九龍城及馬頭涌區多個鄉村和多條街道的居民被迫遷。不少古蹟包括宋王臺，及九龍寨城內的建設遭夷平和破壞。可是，日軍最終只建了一條長 300 碼的跑道。

▲ 1920 年代，進行「演放」（飛行表演）
　 經過九龍區的飛機。

◀ 啟德機場的地勤人員，約 1960 年。

和平後的 1945 年底，政府曾計劃在屏山興建機場，但 1946 年 4 月 2 日宣佈停建。

1947 年 11 月 3 日，民航處長稱本港決定興建一個新機場，曾經選址后海灣（深灣），但因該處是租借地，涉及外交問題而擱置。當時另一選址為昂船洲。

1949 年 5 月，當局又計劃在后海灣興建機場，由英廷貸款 300 萬英鎊，以令香港成為亞洲最大航空站。

1951 年底，當局夷平馬頭涌道側的一座小山，以及宋王臺殘跡，以擴建啟德機場。

1953 年初，當局打算在淺水灣興建一個新機場，以取代被羣山環繞，發展空間有限之啟德機場。機場搬遷後，計劃將啟德發展為商業區，並在九龍灣沿岸興建多座碼頭。

同年 7 月，亦有人建議在跑馬地快活谷興建機場，但附近之墳場使人生畏。

同時，當局決定在啟德興建一條 07 跑道，向九龍灣伸出 1,600 尺，落成後將可讓彗星式及噴射式飛機升降。

1955 年，為配合興築新跑道，需在紅磡海床挖沙，並夷平譚公道和亞皆老街之間的平頂山，還有書院道與延文禮士道之間的延文禮士山。為方便運輸山泥，當局在衙前圍道興築一個鐵絲網，將附近的聯合道及城南道等七條街道攔隔，塵土飛揚，該一帶居民叫苦連天，待新跑道啟用後才告清拆。

▶ 上：約 1965 年的機場客運大廈，以及繁忙的太子道。

▶ 中：啟德機場客運大廈（左下）及跑道，約 1980 年。

▶ 下：位於飛機維修庫內外的航機，約 1980 年。背後為太子道旁的新蒲崗工業大廈。

1958 年 9 月 12 日，機場新跑道啟用。

同時，介乎衙前圍村至清水灣道、位於飛鵝山腳約
500 畝的原機場用地，隨即開闢成新工業及住宅區新蒲崗。

1962 年 11 月 2 日，機場客運大廈落成。

1980 年代初，當局討論在大嶼山赤鱲角興建新機場
的可行性。到 1989 年 10 月，港督衛奕信（David Clive
Wilson）宣佈落實港口及新機場發展的「玫瑰園計劃」，以
興建赤鱲角機場為主。赤鱲角機場於 1998 年 7 月 6 日正
式啟用。

◀ 清拆中的赤鱲角，約 1993 年。

▲ 為興建新機場，在東涌赤鱲角
進行夷山工程，約 1993 年。

▶ 在九龍城密麻麻民居上空，即將降落的國泰航
　機，約 1988 年。左中部為太子道的家歡樓。

▶ 即將着陸的國泰航機，約 1994 年。

▶ 在赤鱲角機場上空的國泰航機，2006 年。

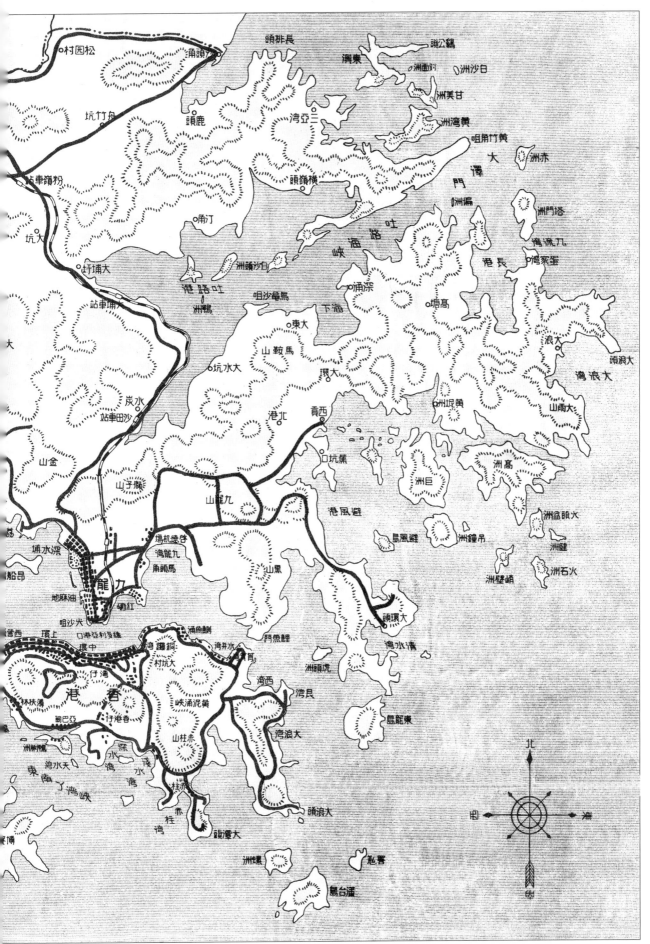

松園村

長排頭
鴉公頭
对面洲
日沙洲
甘美洲
黃灣洲
黃竹角咀
赤洲

三亞灣
鹿頭

吐路峽
橫嶺頭
鴉洲
塔門洲
九流灣
蛋家灣
長港

汀角
白沙頭洲
吐路港
鴨洲
馬龜沙咀
海下
深涌
高塘
大浪

粉嶺車站
大埔仔
大坑
大埔墟
大埔田車站
水炭
沙田車站

大東
馬鞍山
大環
大水坑
西貢
北港
黃坭洲
大雨山
大浪頭

蕉坑
巨洲
高洲

金山
獺仔山
九龍山
避風港
火頭盆洲
吊鐘洲
健洲

深水埔
啟德機場
九龍塘
馬頭角
九龍
油蔴地
紅磡
尖沙咀
避風塘
避風島
黑山
大環頭
清水灣
嶺壁洲
火石洲

西營
上環
中環
銅鑼灣
大坑村
劇魚島涌
水井涌
肖
虎頭洲
香港
灣仔
跑馬地
林玻湯
亞巴甸
黃坭涌峽
西灣
長灣
東龍島
愛洲
赤柱山
大浪灣

天水灣
深水灣
赤柱
赤柱灣
大浪頭
東南丫峽

碧洲
響螺
燈台島

北
東
西
南

約 1955 年的香港地圖

參考資料

香港政府憲報

《循環日報》

《華字日報》

《華僑日報》

《星島日報》

《華僑日報》編印：《香港年鑑》(1947-1993)

E. J. Eitel, *Europe in China: The History of Hong Kong from the Beginning to the Year 1882*, Kelly & Welsh Co., 1895.

鳴 謝

何其銳先生

蕭險峰先生

吳貴龍先生

張順光先生

梁紹桔先生

陳創楚先生

香港大學圖書館